GOLF für Anfänger

Die Grundschule des Golfschwungs
und Golf-Lexikon

Ein Buch des Fachmagazins GOLF
in Zusammenarbeit mit der
National Golf Foundation, U.S.A.
Herausgeber: Horst T. Ostermann/Gunther Marks

Jahr-Verlag

Inhalt

1984, Fünfte Auflage
© Copyright National Golf Foundation/USA
Copyright 1980 Jahr-Verlag GmbH & Co, Postfach 10 33 46,
2000 Hamburg 1.
Alle Rechte, auch die der Übersetzung,
der Verfilmung, des Vortrages und der Rundfunksendung
und Fernsehübertragung sowie der fotomechanischen
Wiedergabe vorbehalten.
Redaktion: Horst T. Ostermann/Gunther Marks
Layout: Ingo Mojen
Lithographie: Brillant-Offset, Hamburg, Giesow KG., Bielefeld
Satz: Partner Satz GmbH, Hamburg
Druck: Wachholtz, Neumünster
ISBN 3-570-01489-4

Vorwort

Die Golfstunden sollen in erster Linie all denjenigen Golfern gewidmet sein, die den Golfsport noch nicht lange ausüben. Wir hoffen, daß sie so viel Freude und schöne Stunden durch das Golfspiel haben, wie die vielen tausend anderen Golfer, die schon seit Jahren oder gar Jahrzehnten Golf spielen. Die Golfstunden in diesem Buch enthalten all das, was ein guter Golflehrer seinen Schülern im Unterricht klarzumachen versucht. Aber auch für fortgeschrittene Golfer werden sie eine gute, intensive Wiederholung dessen sein, was sie als das Fundamentale im Golfsport erlernt und vielleicht vergessen haben. An den einfach lesbaren Zeichnungen und dem unkomplizierten Text vermitteln unsere Golfstunden die großen Erfahrungen weltbekannter Golflehrer, die ihr Leben dem Golfsport verschrieben haben. Ausdrücklich betonen wir, daß alle Golfstunden nur das Fundamentale des Golfspiels behandeln. Sie sind keinesfalls ein Ersatz für den Unterricht durch einen Golflehrer, und wir empfehlen dem Leser dringend, zur Erlernung des Golfspiels sich an einen Lehrer zu wenden, denn nur er ist in der Lage, einen fachmännischen Unterricht zu erteilen. Wir haben bewußt unserem Büchlein den Untertitel „Grundschule" gegeben. Ein Golf-Anfänger wird bei jedem Golflehrer zunächst die fundamentalen Begriffe lernen.

Griff-Stand-Schwung: Das sind Elementarbegriffe im Golfsport, die in der ganzen Welt jedem Anfänger zunächst einmal einheitlich gelehrt werden. Die Golflehrer mögen verschiedene Lehrmethoden haben, die Grundtheorie ist jedoch immer die gleiche. So wie sie von den besten Golflehren der Welt erklärt wird, ist sie in diesem Büchlein beschrieben.

Erst wenn der Anfänger den Kinderschuhen des Golfspiels entwachsen ist, wird ein kluger Lehrer es wagen, auf weitere Feinheiten des Golfschwungs einzugehen, so daß sich erst dann ein gewisser persönlicher Golfstil entwickelt, der sogar je nach Körperbeschaffenheit des Schülers zu geringfügigen Schwungveränderungen führen kann. So ist es zu erklären, daß alle erfolgreichen Golfer ihren eigenen Schwung haben, der sehr unterschiedlich ist. Sam Snead hat einen betont extremen aufrechten Schwung, genau wie Flory van Donck, Ben Hogan schwingt flacher, Henry Cotton sehr kurz. Auch die erfolgreichen Golfer Arnold Palmer, Gary Player und Jack Nicklaus haben einen grundverschiedenen Schwung. Eines haben aber alle gemeinsam: Ihr Golfschwung ist eine kompakte Einheit und sie alle kommen im Treffmoment richtig an den Ball.

Der kürzeste Weg zum guten Golf geht über den richtigen Beginn. Wenn das erreicht ist, wird gutes Golf nur eine Angelegenheit der Übung sein. Die Erklärungen sind für jeden gültig, ganz gleich ob der Golfer sieben oder aber siebzig Jahre alt ist.

Bedenken Sie immer, daß Sie sich selbst nicht sehen, während Sie schwingen. Wenn Sie aber die hier beschriebenen fundamentalen Begriffe beherrschen, sind Sie auf dem richtigen Wege, um ein Leben lang Freude und Vergnügen am Golfspiel zu empfinden.

Horst T. Ostermann

Die Ausrüstung

Wissen Sie, warum Bälle mit einem
Driver weiter fliegen als mit einem
Eisen vier? Warum die Schläger
unterschiedlich gewinkelt sind? Und
was die Besonderheiten eines
Putters ausmachen? Sie werden sich
wundern: Schläger ist nicht gleich Schläger

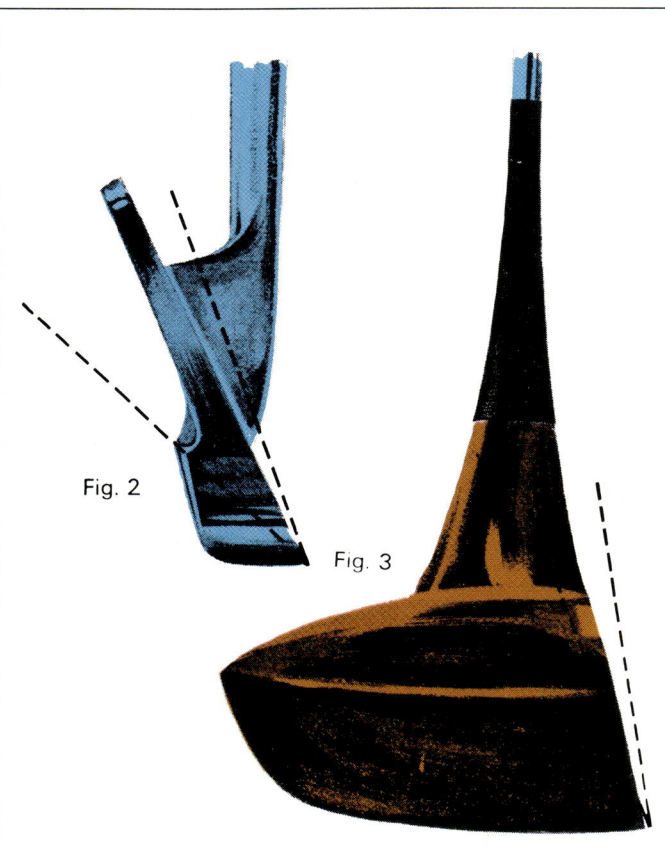

Fig. 2

Fig. 3

Die Neigungswinkel der Schlagfläche variieren von 90 bis 50 Grad

Bei Golfschlägern unterscheidet man zwischen Hölzern und Eisen. Diese wiederum unterscheiden sich dadurch, daß vor allem die Neigung ihrer Schlagfläche und die Länge ihrer Schäfte verschieden sind. Angefangen vom Holz 1 bis zum Wedge wächst der Neigungswinkel der Schlagfläche von fast senkrecht bis zu einem Winkel von über 50 Grad. Mit zunehmender Größe des Neigungswinkels der Schlagfläche verringert sich die Länge des Schlägerschafts, im allgemeinen von einem Schläger zum anderen um etwa einen Zentimeter. Normalerweise sind Damenschläger um etwa zwei Zentimeter kürzer als Herrenschläger.

Die weitesten Schläge ermöglicht der Driver, das Holz 1

Der Driver oder Holz 1, dessen Kopf Sie mit den entsprechenden Erklärungen und Abbildungen hier finden, hat den längsten Schaft und seine Schlagfläche hat die geringste Neigung. Theoretisch soll man mit ihm den Ball am weitesten schlagen können. Bei den Hölzern 2, 3, 4 und 5 vergrößert sich die Neigung der Schlagfläche, gleichermaßen verringert sich im Verhältnis dazu die mit diesen Schlägern erzielte Länge.

neck – Hals
toe – Spitze
sole plate – Bodenplatte
clubface insert – Schlägerblatteinsatz
heel – Hacke

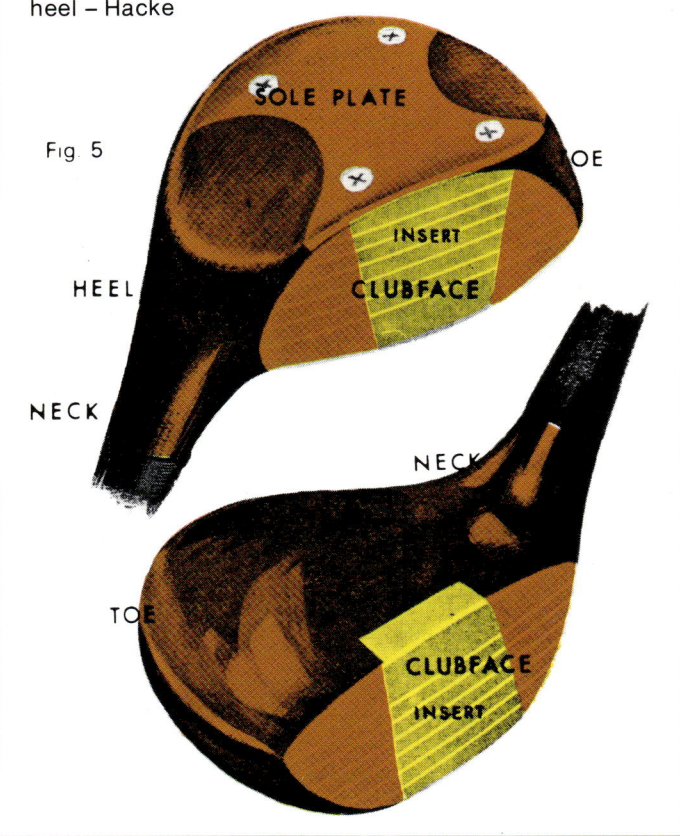

Fig. 5

Was man über die Holzschläger wissen sollte

Holz 1 oder Driver: Dieser Schläger wird dazu benutzt, um vom Abschlag bei verhältnismäßig niedriger Flugbahn eine möglichst große Entfernung zu erreichen. Großer Schlägerkopf und hohe, fast senkrechte Schlagfläche. Im Durchschnitt wiegt der Driver etwa 13 bis 14 Unzen (368,52 bis 395,87 g).

Holz 2 oder Brassie: Der Name dieses Schlägers entstand, weil seine Fußplatte häufig aus Messing besteht. Ursprünglich verwendete man ihn nur für weite Schläge bei guten Lagen, aber heute wird er sogar von Spitzenspielern, die seine etwas schrägere Schlagkraft schätzen, für Treibschläge vom Abschlag benutzt.

Holz 3 oder Spoon: Die Schlagfläche ist schräger als die der Brassies und der Schlägerschaft ist oft kürzer als der von Driver oder Brassie. Der Spoon wird im allgemeinen für weite Schläge bei weniger guten Ball-Lagen benutzt, oder auch für Treibschläge vom Abschlag, wenn man Rückenwind hat und daher eine höhere Flugbahn zweckmäßig ist.

Holz 4: Dieser Schläger hat einen kleineren Kopf und eine niedrigere und schrägere Schlagfläche als der Spoon. Er wird im allgemeinen für lange Schläge aus ziemlich schlechten Lagen benutzt, bei denen der Ball verhältnismäßig hoch und weit fliegen soll.

Wenn es weniger auf Entfernung als auf Genauigkeit ankommt, oder wenn man den Ball aus sandigen oder schlechten Lagen heraus spielen muß, dann wird man im allgemeinen zu einem Eisenschläger greifen. Schläger mit Köpfen aus Holz haben die längsten Schäfte und sind leichter als die Eisen. Für schwierige Schläge kommen sie nicht in Frage.

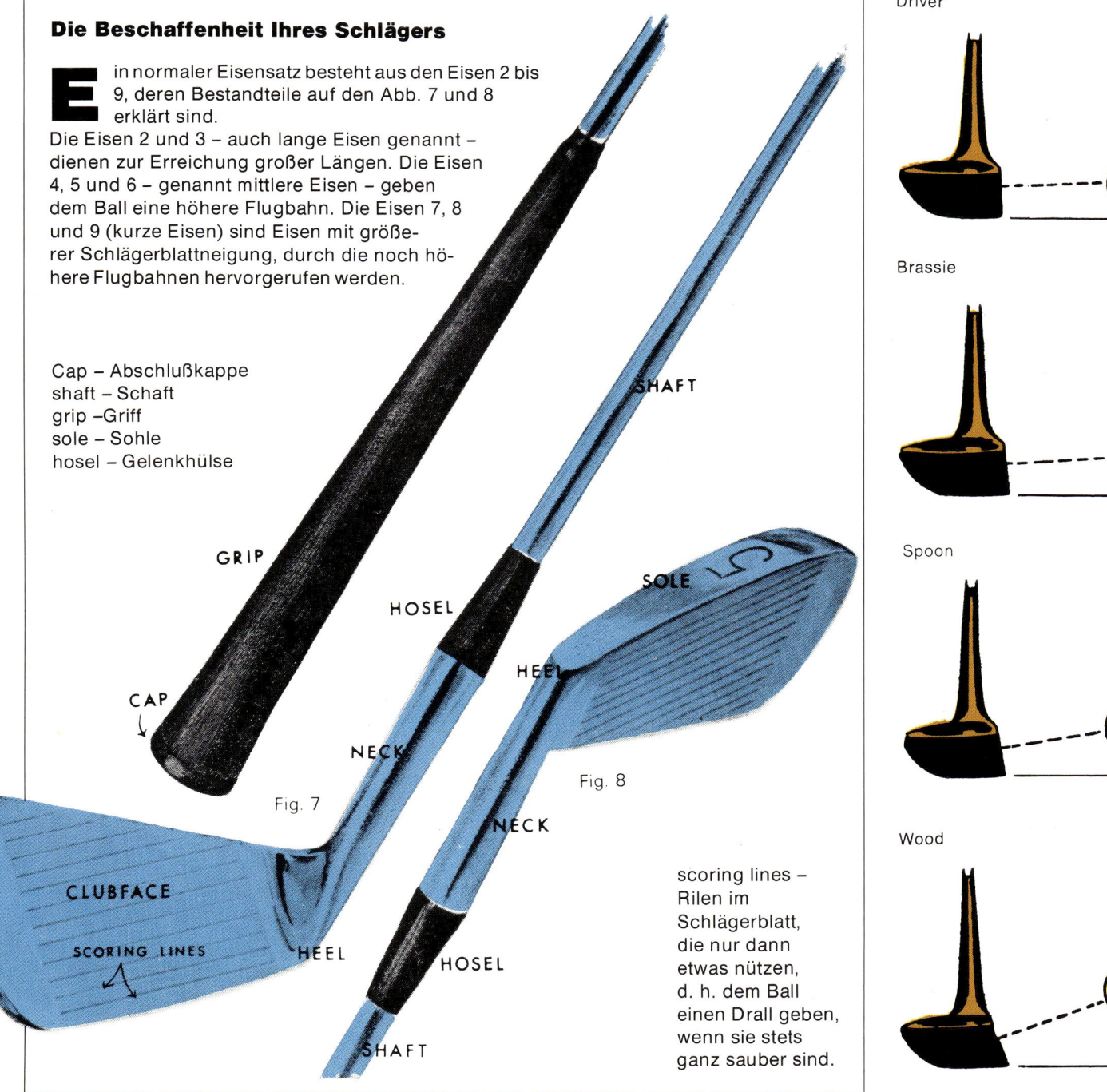

Die Beschaffenheit Ihres Schlägers

Ein normaler Eisensatz besteht aus den Eisen 2 bis 9, deren Bestandteile auf den Abb. 7 und 8 erklärt sind.
Die Eisen 2 und 3 – auch lange Eisen genannt – dienen zur Erreichung großer Längen. Die Eisen 4, 5 und 6 – genannt mittlere Eisen – geben dem Ball eine höhere Flugbahn. Die Eisen 7, 8 und 9 (kurze Eisen) sind Eisen mit größerer Schlägerblattneigung, durch die noch höhere Flugbahnen hervorgerufen werden.

Cap – Abschlußkappe
shaft – Schaft
grip – Griff
sole – Sohle
hosel – Gelenkhülse

GRIP

SHAFT

CAP

HOSEL

SOLE

HEEL

NECK

Fig. 7

Fig. 8

CLUBFACE

SCORING LINES

HEEL

NECK

HOSEL

SHAFT

scoring lines – Rilen im Schlägerblatt, die nur dann etwas nützen, d. h. dem Ball einen Drall geben, wenn sie stets ganz sauber sind.

Driver

Brassie

Spoon

Wood

5

Die Ausrüstung

Die Eisen haben kürzere Schäfte als die Holzschläger. Außerdem ist der Winkel zwischen der oberen Kante des Schlägerkopfes und dem Schaft kleiner als bei den Hölzern, dementsprechend muß der Spieler näher am Ball stehen. Wenn man darauf achtet, daß der Schlägerkopf beim Ansprechen des Balles in seiner vollen Länge auf den Boden ruht, dann ergibt sich aus der Lage des Schlägergriffes automatisch, wie nahe man am Ball stehen muß. Im folgenden geben wir die Entfernungen an, die vom Durchschnittsgolfer mit den einzelnen Eisen erzielt werden können.

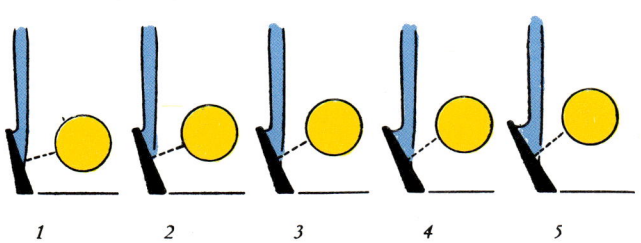

1   2   3   4   5

Eisen 1 oder Driving Iron: Langer Schaft und sehr wenig geneigte Schlagfläche. Wird für volle, im allgemeinen für weite Schläge bei weniger guten Ballagen benutzt, Schläger für lange niedrige Schläge, mit dem man Weiten von 170 bis 190 Meter erreichen kann.

Eisen 2: Schläger für lange Schläge von Abschlag oder Spielbahn und manchmal auch aus dem Rauhen heraus. Entfernung: 155 bis 170 Meter.
Viele Spieler haben vor dem Eisen eins und zwei höllische Angst, weil sie befürchten, den Ball nicht in die Luft zu bekommen. Wenn man jedoch mit vollem Aufdrehen des Körpers und mit vollem Einsatz der rechten Seite spielt, dürften hier keine Probleme auftauchen. Vorher sollte man jedoch auf der Übungswiese ein paar kurze und mittlere Eisen schlagen.

Eisen 3: Wird benutzt, wenn die Entfernung geringer ist oder die Lage des Balles weniger gut. Entfernung: 135 bis 150 Meter.

Eisen 4: Ein sehr nützliches Eisen, das auch aus schlechteren Lagen heraus gespielt werden kann. Wird häufig auf kurzen Löchern vom Abschlag aus benutzt. Entfernung: 125 bis 135 Meter.

Eisen 5: Für Schläge mit ziemlich langer und hoher Flugbahn. Wird häufig auch bei kurzen Löchern vom Abschlag aus benutzt. Mit dem Eisen 5 ist es nicht allzu schwierig, den Ball auf das Grün zu „pitchen", so daß er nach dem Auftreten auf den Boden nur noch verhältnismäßig wenig läuft. Man kann dieses Eisen auch für „Pitch- und Run-Schläge" benützen, bei denen der Ball aus Entfernungen von 25 bis 45 Metern vom Grün so angenähert wird, daß er nach dem Auftreffen auf den Boden noch ziemlich weit rollt. Entfernung: 110 bis 125 Meter.

Eisen 6: Für „Pitch-Schläge" zum Grün und für das Spiel aus hohem Gras oder aus schlechten Lagen. Kann häufig auch aus Bunkern heraus gespielt werden, wenn der Schlag etwas weiter gehen soll. Entfernung: 90 bis 115 Meter.

Eisen 7: Für kurze „Pitch-Schläge" und um aus Bunkern herauszukommen oder über Bäume zu spielen. Verleiht dem Ball verhältnismäßig viel Rückwärtsdrall, wodurch er sich gut auf dem Grün hält, ohne darauf hinauszulaufen. Entfernung: 90 bis 105 Meter.

Eisen 8: Für „Pitch-Schläge" von der Spielbahn, aus dem Rauhen und auch für die Annäherung mit hoher Flugbahn über Hindernisse und Bunker. Entfernung: 70 bis 90 Meter.

Dieser Schläger ist die Lieblingswaffe vieler Amateure und auch Pros. Dies mag daran liegen, daß man mit diesem Eisen relativ weit und auch hoch schlagen kann, ohne Gefahr laufen zu müssen, den Ball völlig zu verziehen. Er ist sowohl für Annäherungsschläge wie auch kurze Dreierlöcher bestens geeignet und gehört neben dem Putter mit zu dem meist benutzten Schlägern auf der Runde.

Eisen 9: Für Schläge aus Bunkern oder auch aus schlechten Lagen im Rauhen. Die Schlagfläche steht sehr schräg und der Schlägerkopf ist recht schwer, damit er leichter durch Gras oder Sand hindurchgeschlagen werden kann.

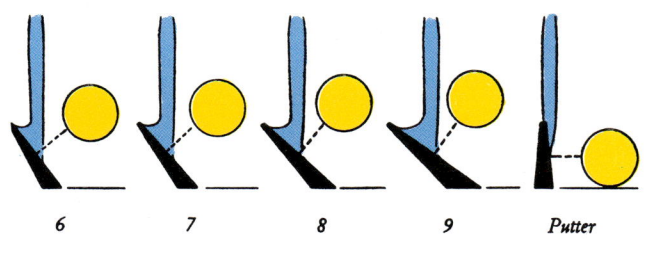

6   7   8   9   Putter

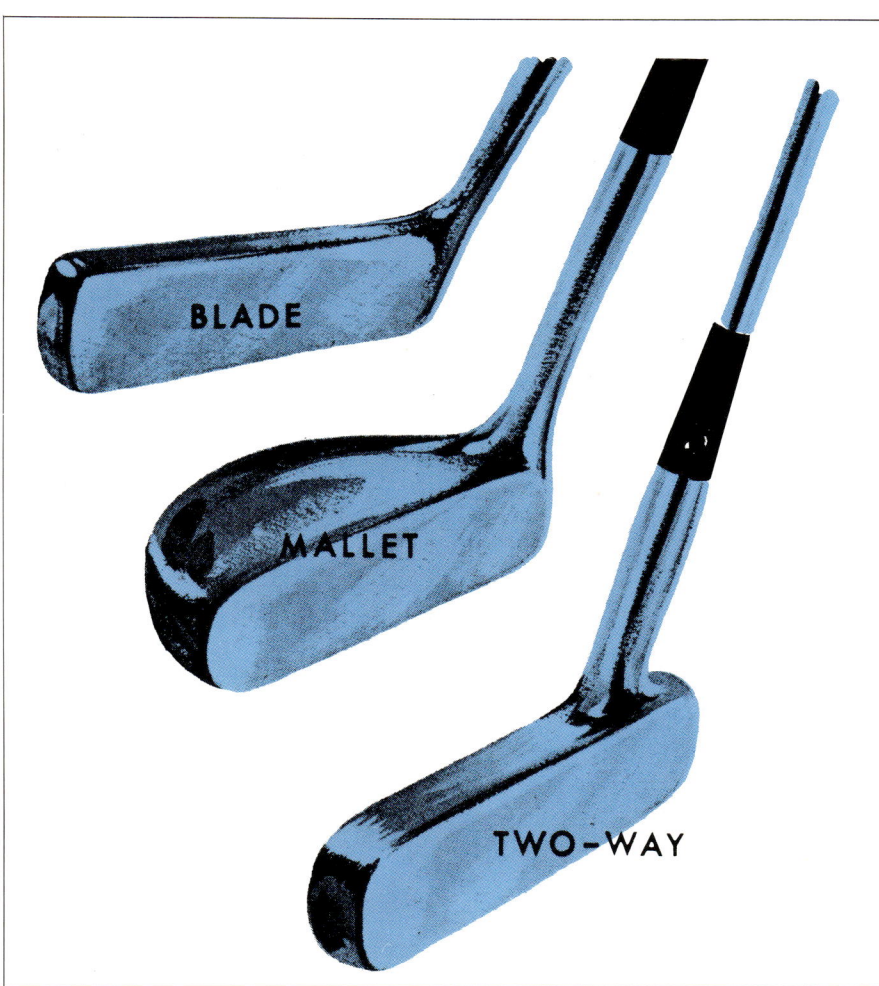

Der Putter Das Putten gibt jedem Spieler die beste Gelegenheit, seinen individuellen Stil zu entwickeln. Zu diesem Zweck stehen ihm Putter verschiedenster Art zur Verfügung. Obwohl es viele verschiedene Arten von Puttern gibt, kann man sie, was die Form des Schlägerkopfes anbetrifft, in nur zwei oder drei Kategorien einstufen. Man unterscheidet zwischen dem sogenannten Blade-Putter, dem wohl am meisten gebräuchlichen, dem Mallet-Putter, mit etwas dickerem Kopf, und einer Kombination zwischen beiden, zum Beispiel dem Two-Way-Putter mit einer nach hinten auslaufenden etwas breiteren Sohle. Länge des Schaftes, die Verbindung des Kopfes mit dem Schaft, die Neigung des Schlägerblattes sowie der Griff mögen verschieden sein. Allerdings muß ein Putter so beschaffen sein, daß er den in den Golfregeln vorgeschriebenen Bestimmungen entspricht.

Der Wedge Der Wedge ist besonders für den Schlag aus dem Bunker und für den Pitch-Schlag konstruiert. Er unterscheidet sich von den anderen Eisen durch seine breite Sohle, große Neigung der Schlagfläche und größeres Gesamtgewicht.

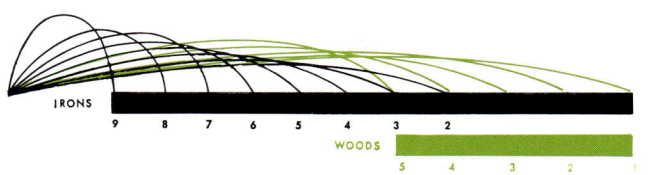

Richtschnur für die Länge

Es ist gar nicht so leicht, eine gewisse Norm für die Länge der einzelnen Schläge aufzustellen. Damit haben sogar bessere Golfer ihre Schwierigkeiten. Für den Anfänger ist es sehr schwer, diese Norm zu erstellen, da seine Schläge zu unterschiedlich sind. Daher ist die Zeichnung, die die Neigung des Schlägerblatts im Verhältnis zur Länge des Schlages darstellt, lediglich eine Art Richtschnur. Wichtig ist, daß man weiß, wie weit man den Ball mit dem einzelnen Schläger schlagen kann. Hat man erst einmal Fortschritte gemacht, so wird man feststellen, daß die Längenunterschiede zwischen den einzelnen Schlägern bei den Eisen zwischen 6 und 10 Meter, bei den Hölzern zwischen 13 und 22 Meter betragen. Vielleicht hilft es Ihnen, wenn Sie sich über die von Ihnen erreichten Längen Notiz machen.

7

Der Griff

Das richtige Umfassen des Schlägers
ist das wichtigste beim Golf.
Ohne korrekte Griffhaltung auch kein
korrekter Schwung. Allerdings
ist eine starre Plazierung der Hände
nicht zwingend vorgeschrieben

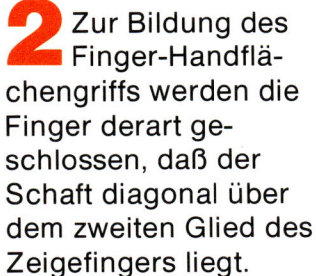
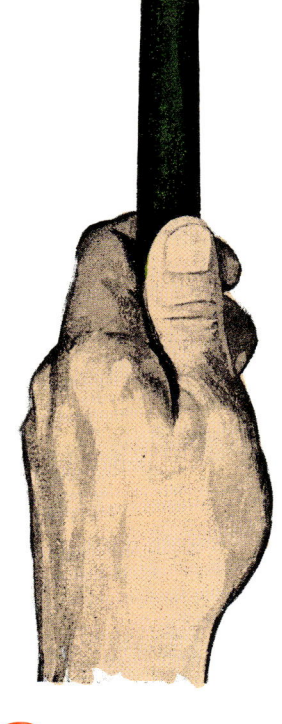
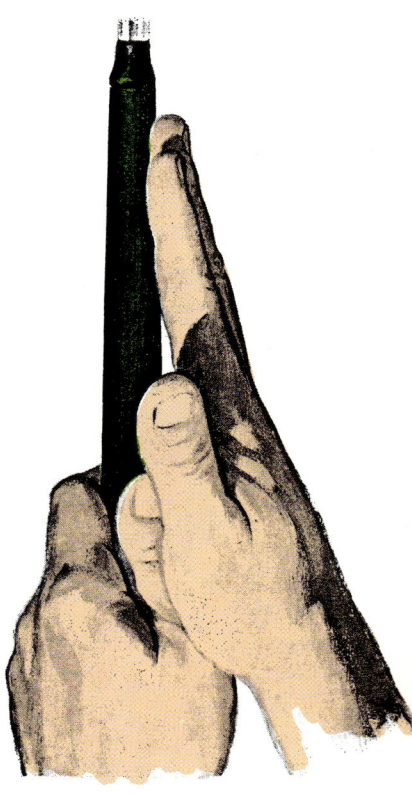

1 Die linke Hand wird ausgestreckt (wobei die Handfläche in die dem Ziel entgegengesetzte Richtung zeigt) und unterhalb der Abschlußkappe an den Griff gelegt. Dabei muß der Schlägerkopf auf der Erde liegen und das Schlägerblatt im rechten Winkel zum Ziel ausgerichtet sein.

2 Zur Bildung des Finger-Handflächengriffs werden die Finger derart geschlossen, daß der Schaft diagonal über dem zweiten Glied des Zeigefingers liegt.

3 Die Hand wird geschlossen, wobei der Daumen auf dem oberen Teil des Schaftes etwas nach rechts gelegt wird. Der Zeigefinger liegt dabei wie auf einem Drücker (Abzugsbügel).

4 Nunmehr wird die rechte Hand so an den Schaft gelegt, daß die Handfläche in Richtung Ziel zeigt.

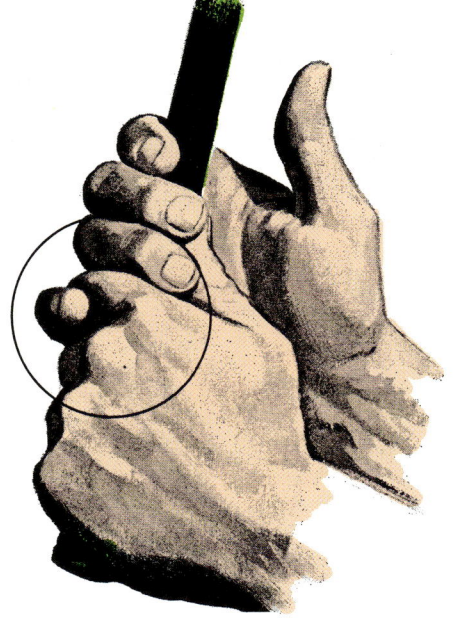
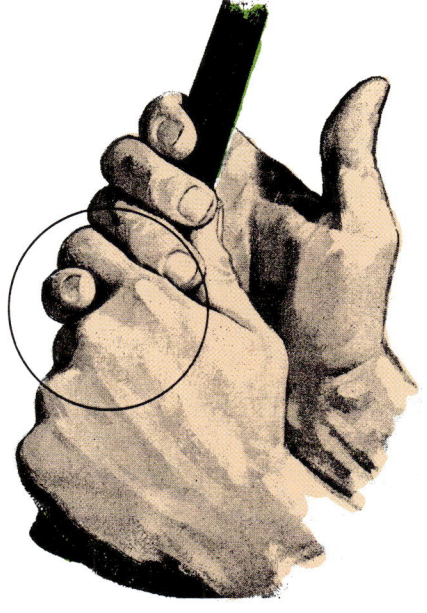

5 Beim Schließen der Finger um den Schaft legt sich der kleine Finger der rechten Hand so, daß er den Zeigefinger der linken Hand berührt. Die Handfläche ruht rechts vom Schaft und legt sich sodann über den Daumen der linken Hand. Man nennt dies den „natürlichen Griff".

6 Bei dem „überlappenden Griff", der von den meisten Professionals benutzt wird, legt man den kleinen Finger der rechten Hand über den Zeigefinger der linken Hand und bringt dadurch die Hände dichter zusammen.

7 Bei dem sogenannten „interlocking grip" schließt sich der kleine Finger der rechten Hand um den Zeigefinger der linken Hand, wodurch dieser vom Schaft entfernt wird.

8 Es ist völlig gleichgültig, welchen Griff man benutzt, solange man die Hände fest zusammenhält. Wichtig ist, daß man nicht zu verkrampft zufaßt und daß man die Hände nach dem Schlägerkopf ausrichtet.

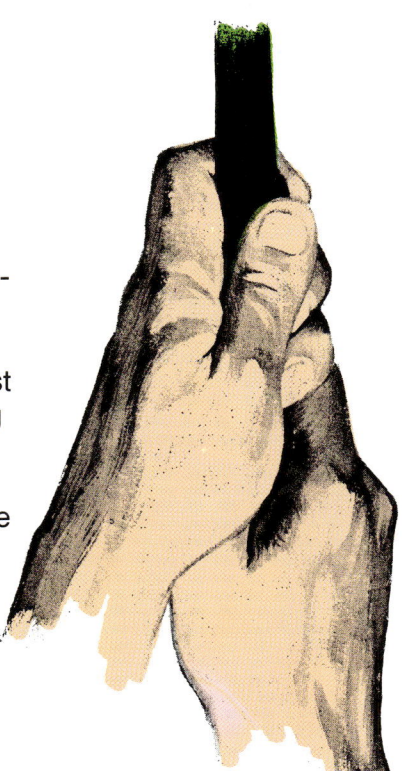

9 Diese Abbildung zeigt den überlappenden Griff eines Linkshänders mit korrekter Placierung der Hände.

Das Ansprechen

Bevor Sie versuchen, den Ball vom
Abschlag oder auf das Grün zu
schlagen, sollten Sie sich intensiv
auf die korrekte Durchführung
vorbereiten. Ein fester Stand nämlich
ist der wichtigste Schritt zum
erfolgreichen Spiel

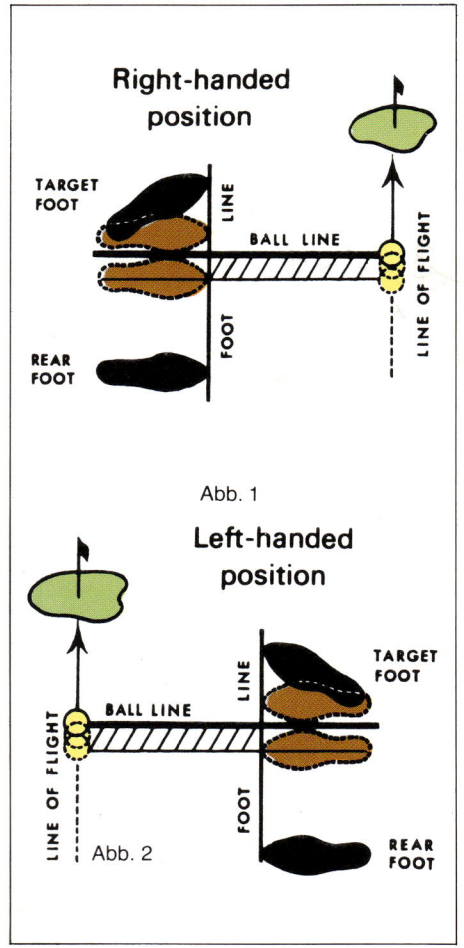

right handed Position =
Stand für Rechtshänder
target foot = Zielfuß
rear foot = hinterer Fuß
foot line = Fußlinie
ball line = Ball-Linie

line of flight = Fluglinie
left handed position =
Stand für Linkshänder
stance position = Stand
Abb. 3 rechtshändige Spieler
Abb. 4 linkshändige Spieler

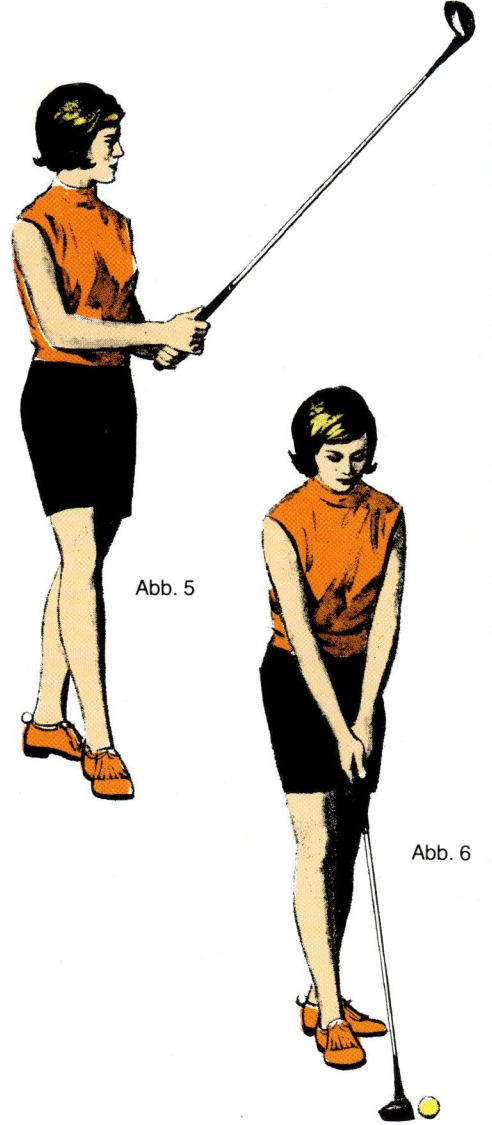

Abb. 5

Abb. 6

vom Ziel abgewandten Richtung versetzt, so daß er parallel zur Ball-Linie steht, die wiederum pendelartig zur Fluglinie verläuft. Diese Bewegungen bewirken, daß der Ball vor der Mitte des Standes sitzt und daß der Stand »square« ist. Abweichungen davon, wie zum Beispiel den geöffneten oder geschlossenen Stand, sollte man nur unter Anleitung des Golflehrers vornehmen.

Beim vollen Schwung stehen die Füße schulterbreit auseinander. Ein zu weiter Stand behindert die richtige Körperdrehung; durch einen zu engen Stand verliert man das Gleichgewicht.

Zum Stand gehört weiter das Ausstrecken der Arme, das Geradehalten das Rückens, die Hüftbeugung sowie das Beugen der Knie. Damit hat der Körper die Haltung eingenommen, die für den Schlag Voraussetzung ist (Abb. 3 und 4).

Wir wollen nunmehr versuchen, uns an eine Routine zu gewöhnen, die solange wiederholt wird, bis man nicht mehr darüber

angestrengt und automatisch nachdenken muß.

Nehmen Sie den Schläger in die Hände und stellen Sie sich auf einer Seite hinter dem Ball auf. Stellen Sie sich die Fluglinie vor (Abb. 5). Mit ausgestreckten Armen und bei leichter Hüftbeugung wird der Schläger direkt hinter dem Ball aufgesetzt, so daß das Schlägerblatt genau wie ein Pendel oder »square« zur beabsichtigten Fluglinie liegt (Abb. 6). Visieren Sie das Ziel noch einmal an.

Der »Zielfuß« wird an der Fußlinie entlang nach vorne gesetzt (Abb. 7), während der hintere Fuß um einiges mehr nach hinten versetzt wird (vom Ziel abgewandt) (Abb. 8). Der Ball liegt somit vor der Mitte des Standes.

Jetzt bleibt es Ihnen überlassen, noch irgendeine Bewegung zu machen (wackeln mit dem Schläger, ein letzter Blick zum Ziel), die Ihnen bei der Vorbereitung des Schwungs hilft (Abb. 9). - Und dann: Los!

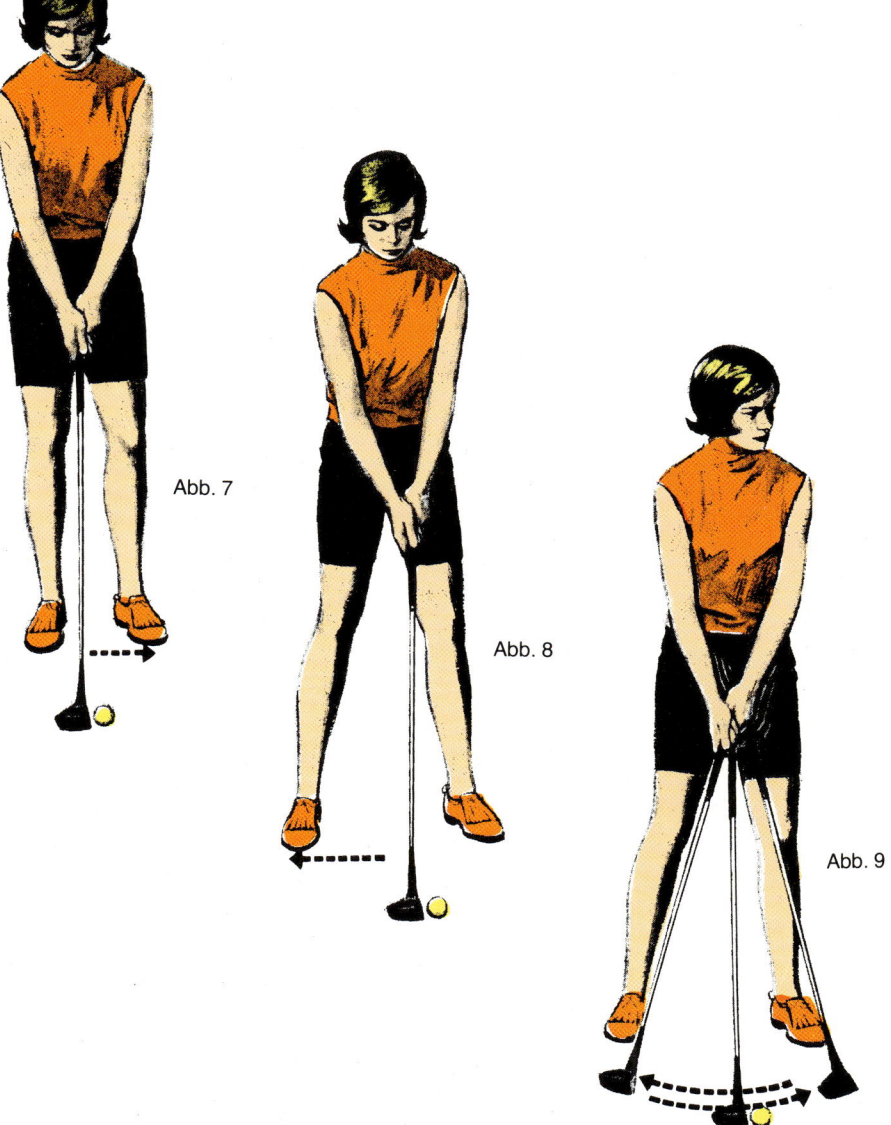

Abb. 7

Abb. 8

Abb. 9

Der Stand wird im Verhältnis zum Ziel eingenommen. Man beginnt damit, daß man sich eine Fluglinie vorstellt, die vom Ziel zum Ball verläuft, und parallel dazu eine sogenannte Fußlinie – der Abstand zwischen diesen beiden Linien richtet sich nach der Länge des Schlägers, den man gewählt hat. Man stelle sich sodann eine pendelartige Ball-Linie vor, die die beiden vorgenannten Linien miteinander verbindet. Unter Benutzung der Standabbildungen (1 und 2) werden nun die Füße gesetzt.

Wie auf der Abbildung, durch die gepunkteten Linien angedeutet, stehen die Füße zu Anfang dicht beieinander. Die Ball-Linie verläuft zwischen den Füßen, die Zehen berühren die Fußlinie. Als nächstes wird der dem Ziel näher stehende Fuß in Richtung Ziel versetzt, so wie es auf der Abbildung in dickem Druck gezeigt wird. Dabei zeigen die Zehen leicht nach außen. Der hintere Fuß wird um einiges mehr in der

11

4. Stunde
Der Schwung

Wer gut schwingt, trifft auch gut.
Allerdings ist das Timing wichtig,
denn: Wer zu schnell spielt, hat
auch meist den höheren Score.
Doch der läßt sich mit einfachen
Mitteln vermeiden

Den Schwung muß man sich
als eine in sich geschlossene Bewegung vorstellen, die
folgende Merkmale hat:

1. einen sich stets wiederholenden Ablauf

2. eine Ebene, auf der sich Hände
und Arme bewegen

3. einen gleichbleibenden Radius

4. einen bestimmten Ablauf von
Körperbewegungen

Diese Merkmale müssen aufeinander abgestimmt sein, ihre
Wirksamkeit als Ganzes wird vom
Gleichgewicht und Rhythmus
bestimmt.

Mit der Vorstellung des Schwungs als ein Ganzes im Sinn, wollen wir seine einzelnen Phasen näher untersuchen. Beim Ansprechen werden die Arme ausgestreckt, so daß sie ein umgekehrtes Dreieck bilden, dessen Spitze die Hände sind.

Zu Beginn des Aufschwungs führt das Dreieck aus Händen, Armen und Schultern den Schlägerkopf entlang einer gedachten Verlängerung der Fluglinie auf dem Boden. Im weiteren Verlauf des Schwungs ist eine Drehung oder „Windung" des Oberkörpers spürbar, der sich vom Ziel abwendet.

Zur Erhaltung der Schwungebene beginnt sich der rechte Ellbogen zu drehen. Am höchsten Punkt des Aufschwungs fühlt man die volle Drehung von Schultern und Hüften in die dem Ziel entgegengesetzte Richtung. Diese volle Drehung ist für die Kraftentfaltung äußerst wichtig. Damit nun der von dem Schlägerkopf beschriebene Radius konstant bleibt, ist zu beachten, daß der Kopf relativ still gehalten wird und der linke Arm, wenn auch nicht ganz steif, so doch gestreckt ist. Die erste entscheidende Bewegung beim Abschwung geht vom Unterkörper aus.

Durch sie wird ein gleichmäßiges „Entwinden" des Körpers eingeleitet, welches wiederum die Kraft der Erhöhung der Geschwindigkeit des Schlägerkopfes erzeugt. Zum vollen Verständnis der während des Schwungs aufeinanderfolgenden Bewegungen wollen Sie bitte die Haltung des Schlägers, der Arme und Hände im Verhältnis zu den Hüften beachten. Man muß im Treffmoment das Gefühl haben, daß alle Energie und Körperbewegungen auf das Ziel gerichtet sind. Hände und Arme können, völlig ausgestreckt, entlang der Fluglinie frei in Richtung Ziel

schwingen. Denken Sie daran, „durch den Ball" zu schwingen und nicht in Richtung auf den Ball. Beim Durchschwung sollen die Arme so lange gestreckt bleiben, bis die nachlassende Geschwindigkeit des Schlägerkopfes die Arme auf natürliche Art und Weise zur Ruhe kommen läßt. Am Ende des Schwungs haben Schultern und Hüften ihre Drehung vollendet, der größte Teil des Gewichtes ist auf den linken Fuß verlagert und dadurch der rechte Fuß vom Boden abgehoben. Hände und Arme sind „hoch".

Individualismus beim Putten

Es gibt so viele schöne Puttstile, wie es Golfer gibt. In dem Puttstil aller guten Spieler aber wird man Übereinstimmungen finden, auf denen man seinen eigenen Stil aufbauen kann, weil gerade das Putten dem Individualisten am meisten Raum läßt.

Den Putter faßt man so an, daß die Daumen am Schaft entlang nach unten zeigen (links), dabei werden die Finger der dem Schlägerkopf am nächsten liegenden Hand durch den Zeigefinger der anderen Hand bedeckt (rechts). (Man nennt diesen Griff „reverse overlapping grip".)

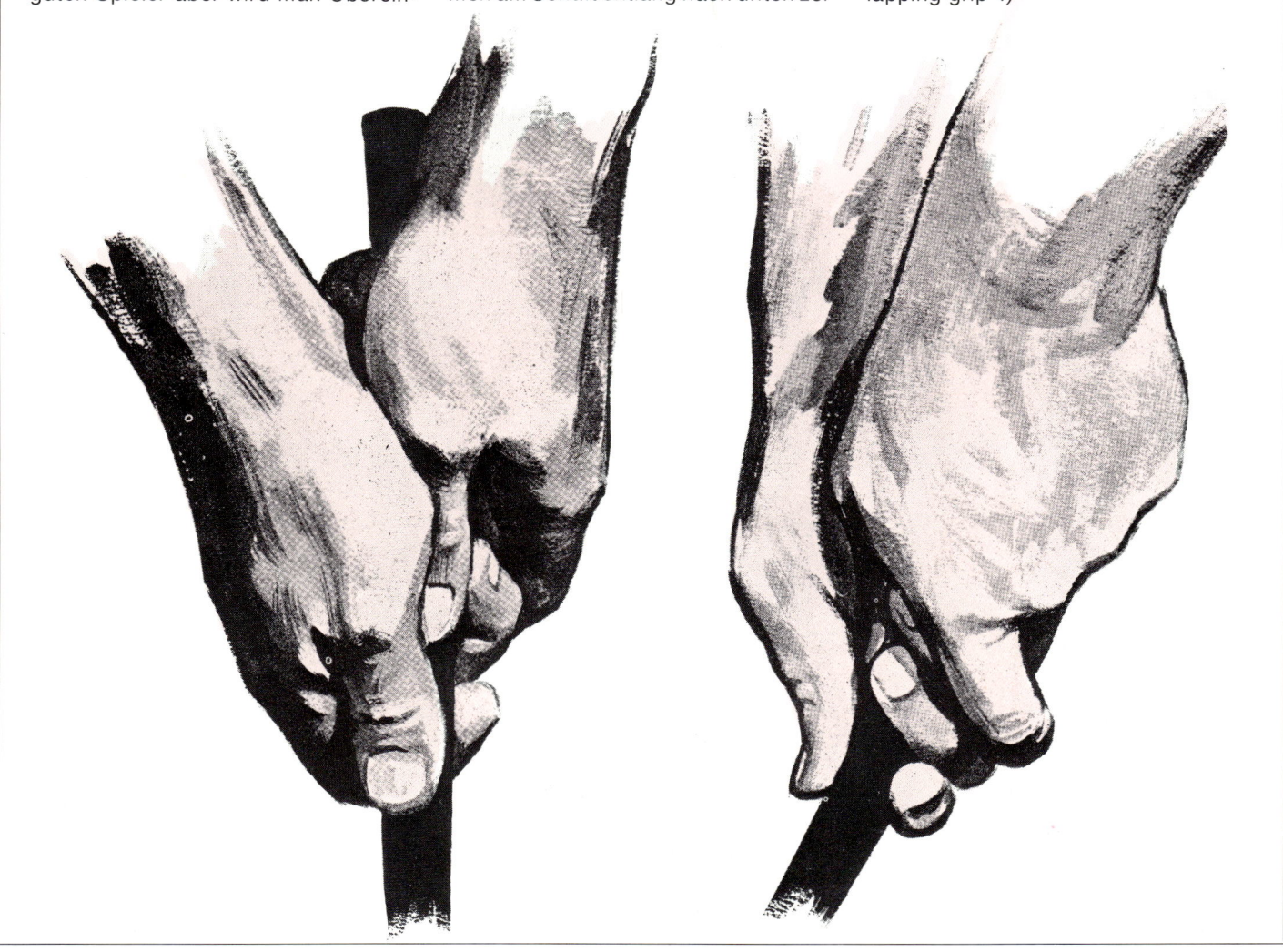

5. Stunde

Das Putten

Wie Sam Snead puttet kein zweiter Golfer der Welt. Muß man auch nicht, denn der alte Mann mit dem Strohhut ist in dieser Hinsicht sicher kein Vorbild. Aber es gibt Grundregeln beim Putten, die jeder Golfer beachten sollte – auch wenn er auf seine eigene Methode schwört

Wie ist das Grün beschaffen?

Eine solche Routine kann folgende Vorbereitungen einschließen:

1. Man stellt sich etwas hinter den Ball und „liest das Grün", indem man auf Besonderheiten der Grün-Oberfläche achtet, die den Lauf des Balles beeinflussen könnten.

Es kommt darauf an, daß man sich darüber klar wird, in welchem Maße die Entfernung zwischen Ball und Loch, sowie die ebenfalls zwischen Ball und Loch, befindlichen Höhenunterschiede zum Anvisieren des Zieles sowie für die Kraft entscheidend sind, mit der der Ball getroffen werden muß.

2. Man denkt sich eine Linie zwischen Ball und Ziel.

3. Diese Linie behält man in fester Vorstellung, während man den Ball anspricht, d. h. den Schläger im rechten Winkel (zur Puttlinie) hinter den Ball setzt.

4. Zur Verbesserung der Balance und um eine bequemere Haltung zu erreichen, kann man entsprechende Fußbewegungen machen – der Blick darf jedoch nicht vom Ball genommen werden.

5. Man visiert das Ziel noch einmal an und schlägt zu.

Während man bereits über dem Ball steht, sollte man keine Zweifel mehr aufkommen lassen über die Art der Ausführung des Putts. Vertrauen Sie Ihrer ursprünglichen Einschätzung der Lage und putten Sie.

Bitte bedenken Sie, daß auf einer Runde, die in Par gespielt wird, 50 Prozent der Schläge Putts sind. Nur durch Üben und die Anleitung eines Golflehrers wird man die eben genannten Grundregeln zu der Erlangung einer Geschicklichkeit verwenden können, die für besseres Golf so wichtig ist.

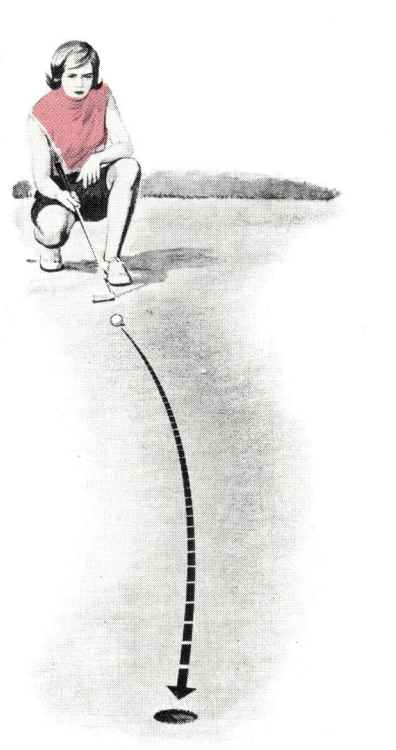

Pendelschwung oder kurze Bewegung

Es bleibt freigestellt, ob Sie den Ball nun mit einem pendel-ähnlichen Schwung treffen wollen (links), oder ob Sie ihn mit einer kurzen, festen Bewegung schlagen (rechts), die wenig Durchschwung erfordert. Wichtig ist, daß Sie sich eine Methode aussuchen, die Ihnen die größte Beständigkeit und Genauigkeit gibt.

Ebenso ist Ihnen die Art der Handgelenkbewegung überlassen. Der Schläger muß in jedem Fall dicht am Boden geführt werden, damit ein gerades Rollen des Balles gewährleistet wird.

Länge und Stärke des Schwungs hängen beim Putten von folgenden Umständen ab: Ob bergan, bergab, seitwärts, „langsames" oder „schnelles" Grün. Man muß lernen, diese Umstände richtig zu erkennen. Dieses Erkennen wird um so leichter, wenn man sich eine gewisse Putt-Routine angewöhnt, die man genauso beibehält wie andere Teile seines Spiels. Zumal gute Drives keine schlechten Putts kompensieren, was jeder Turnierspieler bestätigen kann.

6. Stunde
Spezialübungen

Man braucht nicht unbedingt auf der Übungswiese
zu stehen, um seinen Schwung verbessern zu können.
Trockenübungen in den eigenen vier Wänden bewirken
ebenfalls Erstaunliches

Die Handtuch-Übung
Fassen Sie in der Ansprech-Position ein
großes, zusammengedrehtes Handtuch
an seinen beiden Enden an (rechte
Handfläche nach oben; linke Handfläche nach unten) und strecken Sie die Arme — in mehr als Schulterbreite ausein-
andergehalten — aus (Abb. 1). Bemühen
Sie sich, während Sie die Arme in Richtung eines gedachten Ziels und entge-

Fig. 1

Fig. 2

Fig. 3

Fig. 4

Fig. 5

gengesetzt schwingen, die Schultern voll zu drehen und halten Sie während der ganzen Übung das Handtuch fest in den Händen (Abb. 2 und 3). Wiederholen Sie diese Übung mit fortlaufenden Bewegungen.

Verändern Sie nun diese Übung, indem Sie zu Beginn des Aufschwungs das Handtuch mit der rechten Hand loslassen. Setzen Sie die Übung mit der linken Hand und dem linken Arm fort, um das Handtuch mit Nachdruck in Richtung Ziel zu schleudern und eine hohe Endstellung (der linken Hand) zu erreichen (Abb. 4 und 5). Der richtige Rhythmus und die richtige Körperdrehung sollten bewirken, daß das Handtuch »schnappt«.

Die Stock-Übung

Visieren Sie ein gedachtes Ziel an, und nehmen Sie den richtigen Stand ein. Halten Sie mit der Linken einen Schläger so, daß der Schlägerkopf da auf dem Boden sitzt, wo sonst der Ball liegen würde und das Schlägerblatt in Richtung Ziel zeigt.

Strecken Sie den linken Arm, wobei Sie die Handfläche auf das obere Ende des Griffs drücken, als wollten Sie sich auf einen Stock lehnen. Strecken Sie den rechten Arm wie beim Ansprechen des Balls, dabei zeigt die Handfläche in Richtung Ziel (Abb. 6).

Während der linke Arm, der Schläger und Kopf stillgehalten werden, macht man bei leichtem Beugen des rechten Armes einen Aufschwung, indem man sich vom Ziel wegdreht (Abb. 7). Aus dieser Stellung heraus »schleudert« man den rechten Arm nach unten, unter den linken Arm und am Schaft des Schlägers vorbei. Abschließend muß die rechte Hand zum Ziel zeigen (Abb. 8). Bei dieser Bewegung haben Sie die rechte Schulter nach unten und unter Ihr Kinn gedreht, sowie Ihr Körpergewicht auf die linke Seite verlagert. Wiederholen Sie diese Übung, bis Sie fühlen, wie sich die Rückenmuskeln strecken, während Sie Ihre Schulter nach unten und unter das Kinn drehen.

Halten Sie den Schläger auf dieselbe Art und Weise mit der rechten Hand und schwingen Sie auf und durch (Abb. 9 und 10).

Fig. 6

Fig. 7

Fig. 8

Fig. 9   Fig. 10

Das Gleichgewicht

Wenn Sie nach dem Durchschwung „umkippen", hat ein falscher Schlag das Gleichgewicht durcheinander gebracht. Achten Sie daher auf eine richtige Gewichtsverteilung

Abb. 1

Abb. 2

Abb. 3

Fußkontrolle

Nehmen Sie den normalen Stand ein und legen Sie dabei irgendein festes Material unter den Außenrist der Füße.

Dadurch wird Ihr Gewicht auf den Innenrist der Füße verlagert (Abb. 4). Sie werden das Gefühl haben, daß Sie die richtige Balance halten und genau über dem Ball stehen. Schwingen Sie nunmehr die Arme in Richtung eines gedachten Ziels und wieder zurück, genauso, wie Sie es bei der Kopf-an-der-Wand-Übung gemacht haben.

Bemühen Sie sich dabei, die Schultern voll zu drehen, während Sie Kopf und Füße beim Schwung voll unter Kontrolle behalten.

Zum Abschluß nehmen Sie das Material unter Ihren Füßen weg und wiederholen die Übung.

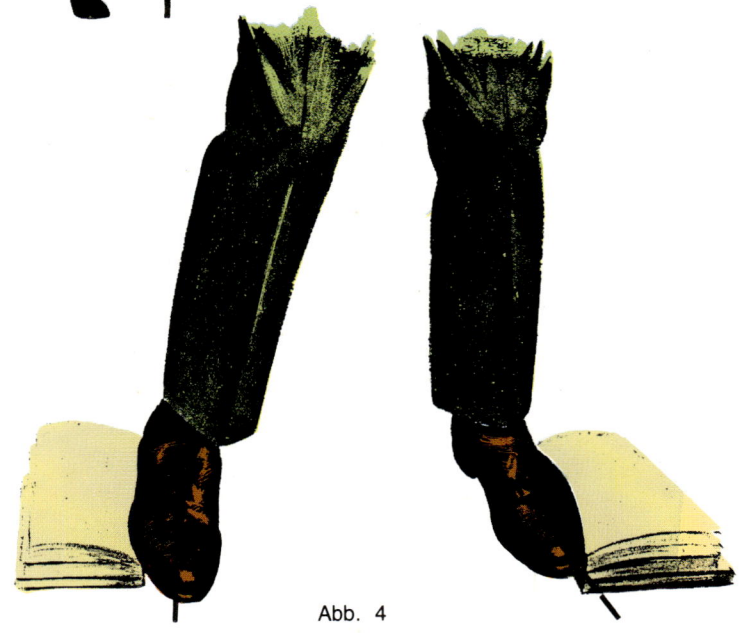

Abb. 4

Die Kopf-an-die-Wand-Übung

Stellen Sie sich so hin, als wollten Sie den Ball ansprechen, und drücken Sie dabei Ihre Stirn gegen die Wand. Wenn Sie wollen, können Sie ein kleines Kissen benutzen. Umfassen Sie mit der rechten Hand den linken Daumen, wobei Sie die Handgelenke etwas von der Wand entfernt halten. Schwingen Sie nun, während Sie die Handgelenke in einem Abstand von etwa 25 cm von der Wand entfernt halten, diese in einem kurzen Radius hin und her (Abb. 1). Nachdem man bei dieser Übung zuerst die Hände ganz bewußt geführt hat, geht man dazu über, freier zu schwingen und den Schwungradius zu vergrößern, bis die volle Körperdrehung erreicht ist (Abb. 2 und 3). Sodann rückt man von der Wand ab und wiederholt die Übung.

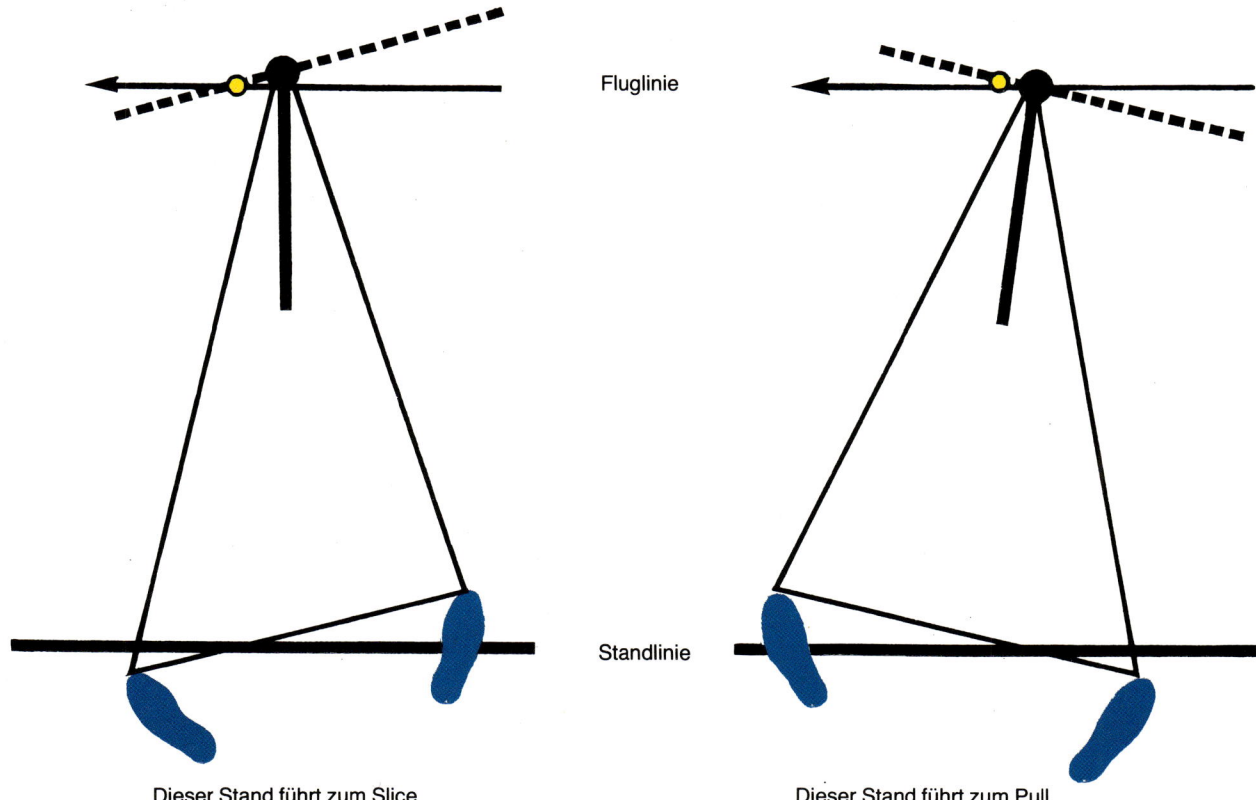

Fluglinie

Standlinie

Dieser Stand führt zum Slice

Dieser Stand führt zum Pull

8. Stunde
Slice und Hook

Das absichtliche Spielen mit Links-
oder Rechtsdrall ist in vielen
Situationen oberste Gebot. Doch was
bewirkt eine Veränderung der
Flugbahn?

Wodurch entsteht der Slice? Die Antwort auf diese Frage ist schon deshalb nicht uninteressant, weil es sich hier um den häufigsten Fehler aller rechtshändigen Golfer handelt. Außerdem kann man sich manchmal durch absichtlich geslicte Bälle Schläge sparen. Um absichtlich zu slicen, wird man stets einen übertrieben offenen Stand einnehmen, wobei der linke Fuß hinter der parallel zur Fluglinie verlaufenden Standlinie und die rechte Fußspitze über die Linie nach vorn gestellt wird (siehe Abbildung). Hierdurch wird der Schlägerkopf von außen nach innen durchgeschwungen, wodurch der Ball einen Rechtsdrall erhält und dementsprechend eine Rechtskurve beschreibt.

Wichtig ist dabei auch der Griff. Zum Slicen wird man die linke Hand weiter nach links und unter den Schläger drehen als beim normalen Griff, während die rechte Hand mehr über dem Schlägergriff liegt.
Durch entsprechende Veränderung des Griffes kann man ein stärkeres oder schwächeres Slicen bewirken. Nicht zu vergessen ist auch, daß man auf einen Punkt links zur Fahne zielen sollte.
Der Schlägerkopf wird außerhalb der Fluglinie zurückgeführt, wobei man das Gefühl haben sollte, den Schläger fest mit der linken Hand zu führen. Diese Führung mit der linken Hand wird auch während des Durchschwunges beibehalten.
Im Gegensatz zum Slice beschreibt der Ball

beim Hook eine Linkskurve. Gewöhnlich fliegt und rollt der gehookte Ball weiter als der geslicte.
Um absichtlich zu hooken, sollte man einen geschlossenen Stand einnehmen. Hierbei wird die linke Fußspitze über die bereits erwähnte Standlinie nach vorn gestellt, während der rechte Fuß umgekehrt hinter dieser Standlinie steht und der Ball beinahe vor dem rechten Absatz liegt (siehe Abbildung). Hierdurch wird es dem Spieler erleichtert, den Schlägerkopf von innen nach außen zu schwingen, wodurch der Ball einen Linksdrall erhält und entsprechend eine Linkskurve beschreibt.
Grundsätzlich wird man, wenn man absichtlich hooken möchte, die Hände weiter nach rechts drehen als beim normalen Griff, so daß die rechte Hand mehr unter dem Schlägergriff liegt. Im Gegensatz zum Slice wird hier auf eine Stelle gezielt, die rechts von der Fahne liegt. Der rechte Ellbogen bleibt während des Schwunges dicht am Körper. Die Körperdrehung beim Rückschwung ist hier besonders wesentlich, da sie eine Voraussetzung dafür ist, den Schlägerkopf von innen nach außen durchzuschwingen. Da der Ball beim Hook nicht nur eine seitliche, sondern auch eine Vorwärtsdrehung (»overspin«) erhält, rollt er im allgemeinen nach dem Auftreffen auf dem Boden noch verhältnismäßig weit. Aus diesem Grunde ist es meistens nicht empfehlenswert, Schläge, die auf dem Grün landen und dort bleiben sollen, anstatt darüber hinwegzurollen, mit einem Hook zu spielen.

Spielen eines Loches

Nicht nur die Etikette, auch die Kenntnis über das korrekte Spielen eines Golfloches sind wichtigste Faktoren für einen Spieler, der zum ersten Mal eine Runde spielt

Das Spielen eines Loches ist für Anfänger oftmals ein Experiment mit großen Risiken. Wer darf zuerst abschlagen? Was macht man, wenn ein Ball im Wasserhindernis landet oder hinter der Ausgrenze zu liegen scheint? Um dies alles einmal Punkt für Punkt durchzugehen, stellen wir uns das konstruierte Spiel eines Par-4-Loches (380 m lang) vor. Das Loch ist ein Hundebein (dogleg links), das heißt, die Bahn (Fairway) knickt ungefähr in der Mitte scharf nach links ab.

a) Jan, ein jugendlicher Spieler, der am vorausgegangenen Loch einen niedrigeren Score als Bob hatte, hat die Ehre (honor). Sobald die vor ihnen spielende Partie außer Reichweite ist, teet Jan seinen Ball zwischen den Abschlagsmarkierungen (markers) auf und schlägt den Ball (unterbrochene Linie) etwas unglücklich in ein Wasserhindernis (water hazard), etwa 140 Meter vom Abschlag entfernt.

b) Bob teet seinen Ball ebenfalls zwi-

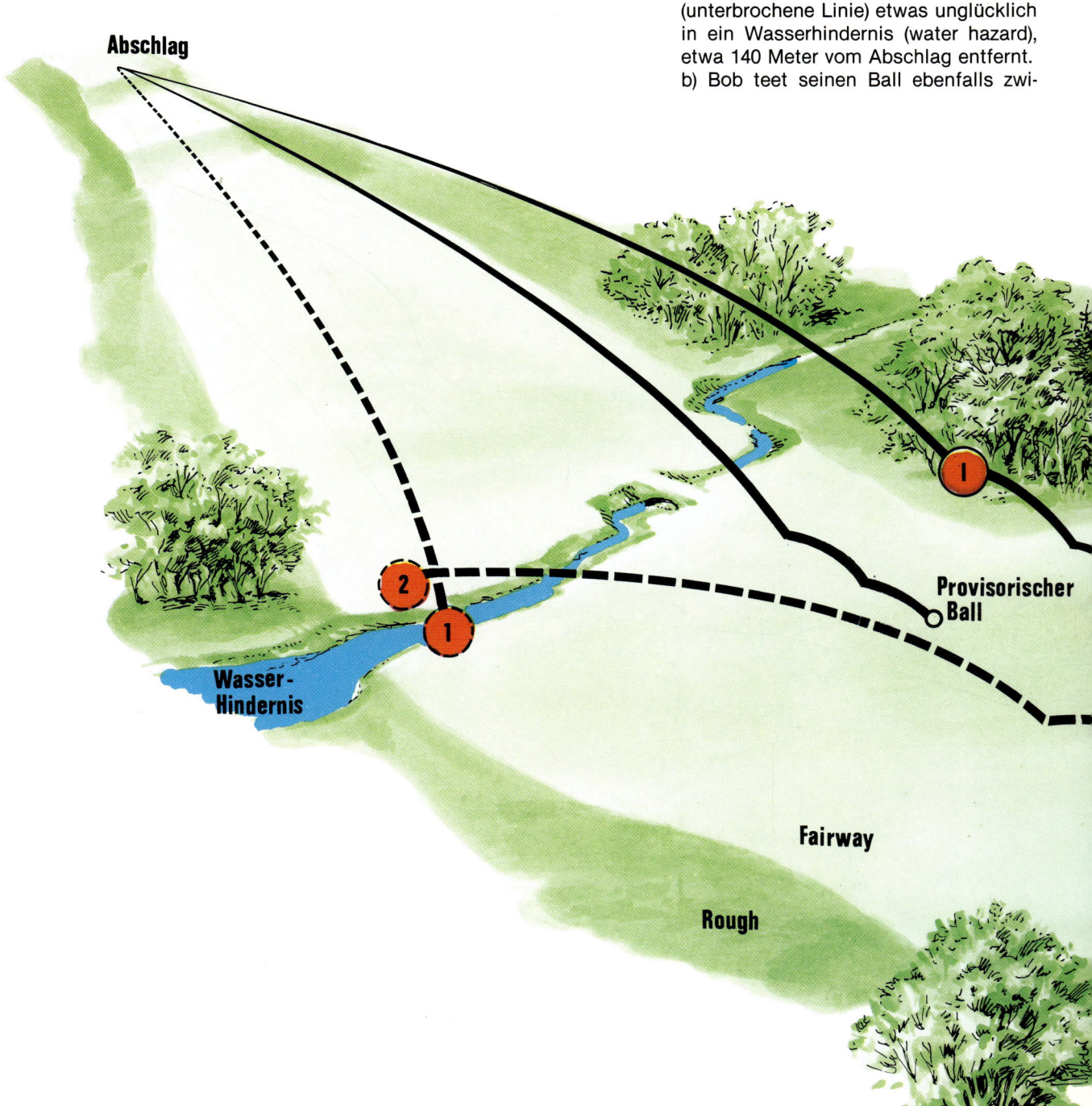

Abschlag

Provisorischer Ball

Wasser-Hindernis

Fairway

Rough

schen den Abschlagsmarkierungen auf dem Herrenabschlag auf und schlägt ihn mit einem Hook (schwarze Linie) in das Rough, und damit wahrscheinlich in das Aus. (Siehe die Markierungspfähle »out of bounds« in der Zeichnung). Er sagt an, daß er einen provisorischen Ball (provisional-ball) spielen wird und schlägt diesen mit 220 Meter Länge in die Mitte des Fairways.

c) Jan holt seinen Ball aus dem Bach, stellt sich mit dem Gesicht zum Loch und läßt den Ball über die Schulter fallen, wobei er die Richtung zur Fahne bestimmt, hinter dem Punkt, wo der Ball wahrscheinlich im Wasser verschwunden war. Dafür, daß der Ball im Bach lag, muß Jan einen Strafschlag zählen und liegt somit 2.

Aus einer Entfernung von 240 Metern zum Loch, macht er mit dem Holz drei einen Schlag von 140 Metern Länge und liegt, den Strafschlag eingeschlossen, nunmehr drei.

d) Bob stellt fest, daß sein Ball nicht im Aus ist; er muß ihn also spielen und seinen provisorischen Ball von der Bahn aufheben. Sein Abschlag war jedoch im tiefen Rough gelandet, wo Bäume ihm

den direkten Weg zum Grün (Green) versperren. Er nimmt daher ein Eisen 7 und spielt den Ball zunächst auf das Fairway, etwa 12 Meter hinter dem Ball von Jan.

Er nimmt aus einer Entfernung von 110 Metern vom Grün nochmals das Eisen 7 und schlägt den Ball auf den hinteren Teil des Grüns, wo der Ball auf dem Vorgrün (apron) zu liegen kommt.

e) Jan ist noch 100 Meter vom Grün entfernt, er schlägt ein Eisen 6, das er aber in einen am Grün gelegenen Bunker pusht.

f) Nun ist Bob wieder an der Reihe, da er weiter von der Fahne entfernt liegt als Jan. Mit dem Eisen 6 spielt er den Ball als kurzen Chip in die unmittelbare Nähe des Loches und markiert die Stelle, auf der der Ball zur Ruhe kam und hebt ihn auf, um ihn zu säubern.

Jan spricht mittlerweile seinen Ball im Bunker an, wobei er darauf achtet, daß er den Sand mit dem Schläger während des Aufschwunges nicht berührt. Sein

Explosionsschlag landet nicht allzu weit vom Loch entfernt.

Beim Verlassen des Bunkers glättet er die von ihm hinterlassenen Spuren mit der Harke aus.

Bob nimmt den Flaggenstock aus dem Loch und Jan locht seinen Ball für einen Double-Bogey 6 ein. (Double-Bogey = 2 über Par).

g) Bob legt seinen Ball auf das Grün an die Stelle, wo die Markierung lag, zurück und locht seinen Putt für ein Bogey ein (Bogey = 1 über Par). Jan steckt den Flaggenstock in das Loch zurück und verläßt unverzüglich zusammen mit Bob das Grün, um auf den nächsten Abschlag zu gehen, wo sie erst jetzt ihre Schläge auf der Scorekarte notieren. Da Bob das Loch gewonnen hat, hat er auf dem nächstfolgenden Loch die Ehre, das heißt, er darf als erster abschlagen.

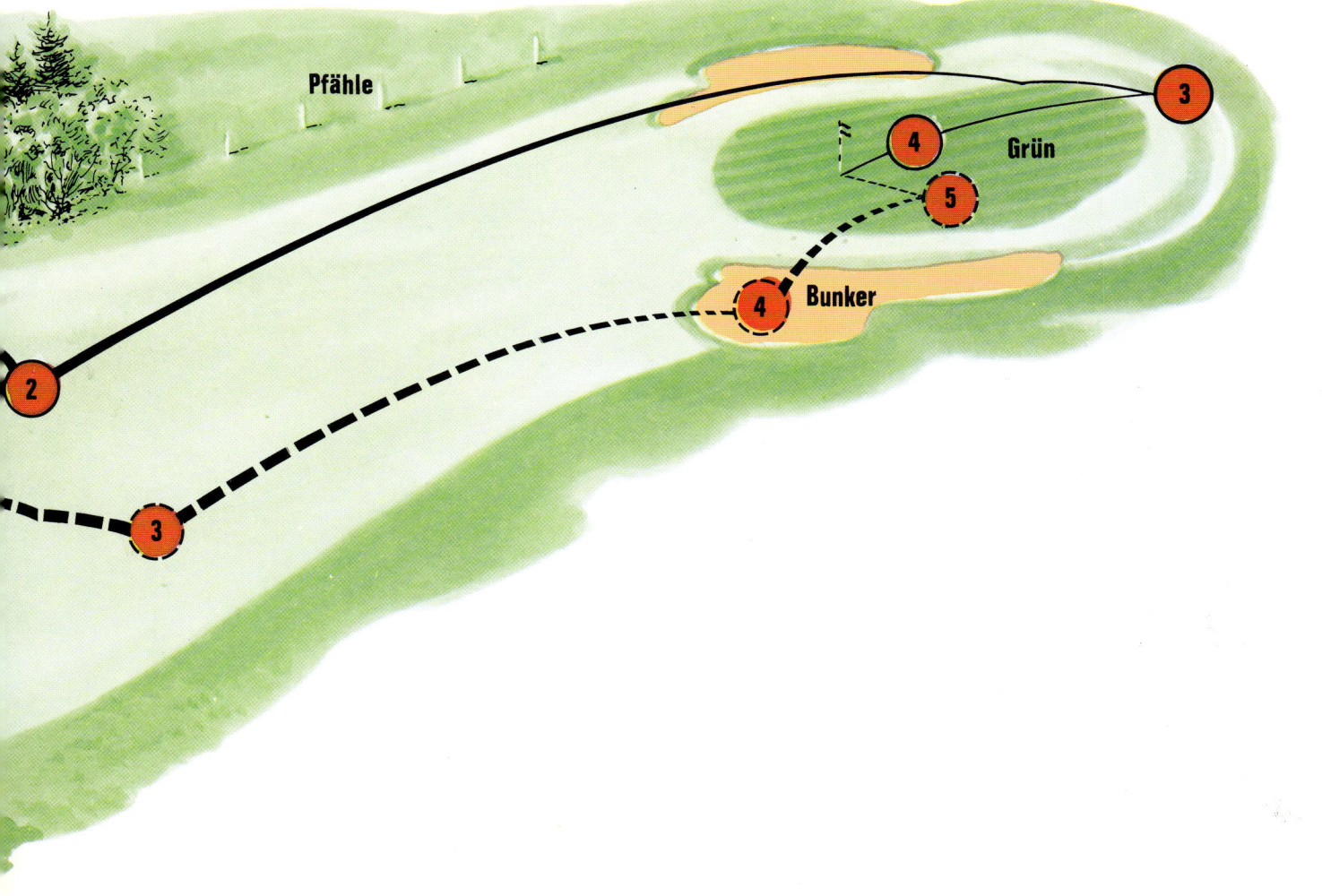

Achten Sie vor allem darauf, sich niemals zu verkrampfen. Wenn Sie Ihre Muskeln anspannen und gewissermaßen »kämpfen« anstatt zu spielen, dann wird es Ihnen nicht mehr möglich sein, die einzelnen Bewegungsphasen so harmonisch aufeinander folgen zu lassen, wie das für einen korrekten Schwung notwendig ist. Denken Sie daran (und das gilt für jeden Golfspieler!), Ihre Arme beim An-

sprechen natürlich herunterhängen zu lassen (Abb. 1)
Die Hände liegen (Abb. 2) beide zu weit unter dem Schlägergriff. Allerdings sollte man sich auch davor hüten, in das genaue Gegenteil zu verfallen und die Hände zu weit über den Griff herumzudrehen. Außerdem sind (Abb. 3) die Hände so weit auseinander, daß sie nicht als Einheit zusammenarbeiten können. Auf diese

Weise kann der Schläger weder richtig geführt, noch mit einem Höchstmaß an Geschwindigkeit des Schlägerkopfes durchgeschwungen werden.
Der »Baseball-Griff« (bei dem die rechte Hand nicht über die linke übergreift) wird häufig von Anfängern angewendet. Auch hierbei haben es die Hände bedeutend schwerer richtig zusammenzuarbeiten als beim korrekten Griff.

10. Stunde
Häufige Fehler

Verkrampfen Sie? Drehen Sie Ihre
Hände zu weit um den Griff herum?
Fassen Sie den Schläger zu kurz?
Dann ist das folgende Kapitel
genau richtig

Abb. 1

Abb. 2

Abb. 3

Ratschläge

Wer effektiv lernen will, sollte sich vor jeder
Unterrichtsstunde darüber im klaren sein, was er
eigentlich lernen will. Erst klare Zielvorstellungen
ebnen den Weg zum erfolgreichen Golf

Abb. 1

Das Betrachten eines sehr guten
Schwungs trägt dazu bei, daß man
sich eine Vorstellung von dem macht,
was man lernen und üben muß, um ein
guter Golfer zu werden.
Meisterschaften, Wettspiele, Vorführungsspiele, Bücher sind einige Quellen,
durch die man die Beobachtungsgabe
vertiefen kann.
Mit Hilfe Ihres Golflehrers lernen Sie zwischen Form und Stil unterscheiden —
den beiden Grundlagen, auf die sich der
Anfänger einstellen muß.
Auf der Übungswiese sollte man mit Hilfe dieser Vorstellung sein Spiel verbessern. Zur erfolgreichen Gestaltung einer
Stunde auf der Übungswiese wird folgendes System empfohlen:

1 Führen Sie sich die richtigen
Grundlagen vor jeder Stunde noch
einmal vor Augen. Da sich gute oder
schlechte Angewohnheiten von der
Übungswiese auf Ihr Spiel übertragen,
ist es ratsam, eine Art Routine-Überprüfung vorzunehmen, zu der der richtige
Griff, Schlägerkopfausrüstung, Stand,
Haltung und Zielen gehören. In jedem
Schwung spielt das Bewußtsein von
Rhythmus, Timing und Balance eine
wichtige Rolle; sie sind die entscheidenden Faktoren für die Entwicklung eines
gleichmäßigen Schwungs.

2 Gut geplant ist halb getroffen. Man
kann keinen guten Golfschlag machen, wenn man sich nicht vor dem
Schlag genau vorstellt, wohin der Ball
fliegen soll.

3 Gleichmäßigkeit und Genauigkeit
erlangt man, wenn man sich ein
Ziel setzt, das man im Rahmen seiner
Kräfte auch erreichen kann. Also sucht
man sich auf der Übungswiese einen
Punkt aus, auf den man zielt. Langsam
aber sicher versucht man, die Zahl der
Bälle, die in der Nähe dieses Punktes
landen, zu vergrößern. Dabei ist jede
übergroße Kraftanstrengung zu vermeiden, weil sie nur den Verlust der Kontrolle über den Schläger verursacht.

4 Länge der Übungsstunde und Regelmäßigkeit sind wichtig. Neue
Gedanken oder Korrekturen bezüglich
des Schwungs sollte man zu Beginn der
Übungsstunde verarbeiten, so daß sie
dann mit Konzentration beim Schwung
selbst angewandt werden können.

5 Zwischen Üben und Spielen besteht ein besonderes Verhältnis:
Man entwickelt sein Können auf der
Übungswiese, um es auf dem Platz beim
Spiel anzuwenden.

6 Alle Schläge muß man üben. Es
genügt nicht, daß man entweder
nur die Schläge übt, die man nicht so gut
kann, oder umgekehrt nur die Schläge,
die man gern spielt.

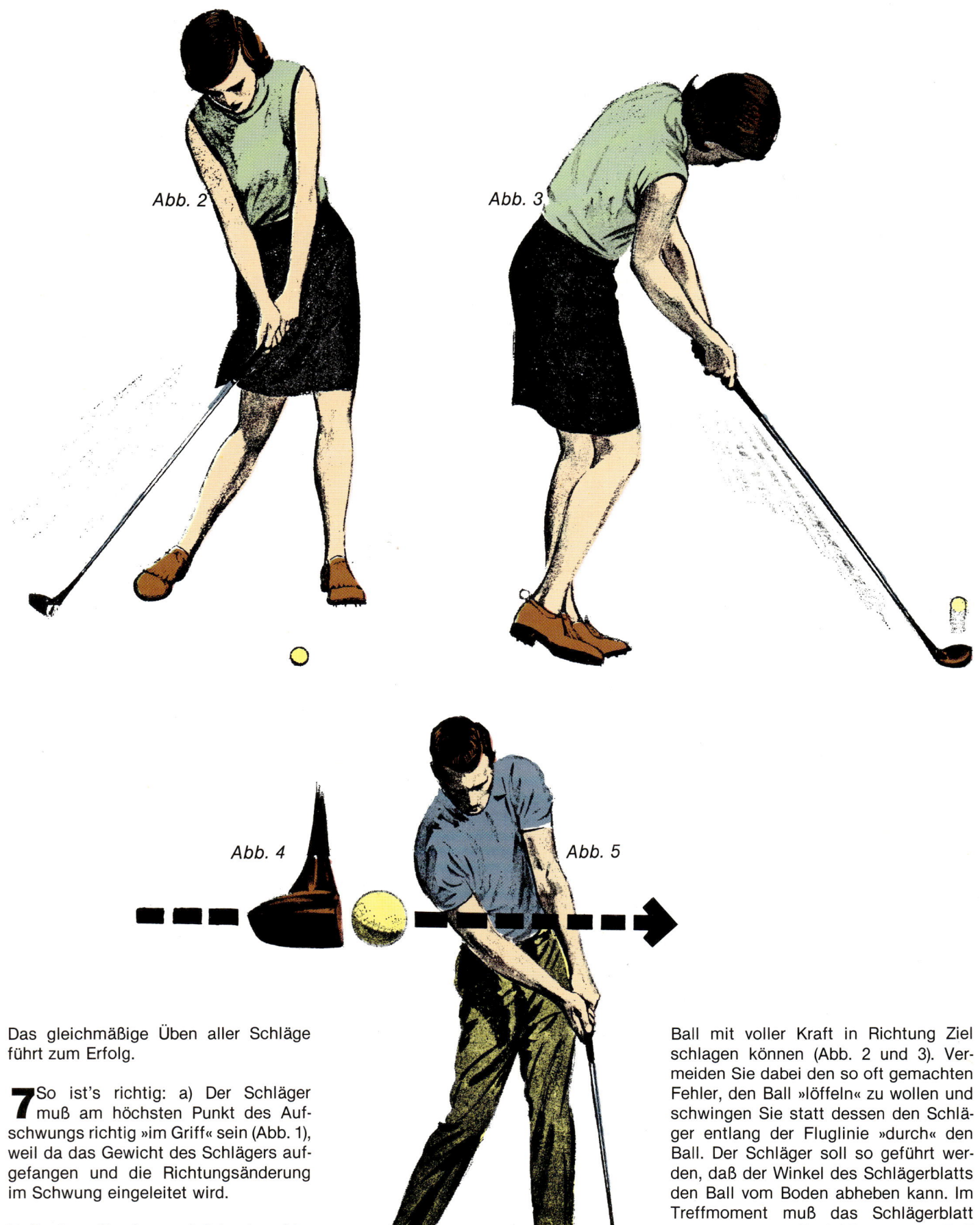

Abb. 2

Abb. 3

Abb. 4

Abb. 5

Das gleichmäßige Üben aller Schläge führt zum Erfolg.

7 So ist's richtig: a) Der Schläger muß am höchsten Punkt des Aufschwungs richtig »im Griff« sein (Abb. 1), weil da das Gewicht des Schlägers aufgefangen und die Richtungsänderung im Schwung eingeleitet wird.

b) Denken Sie daran, daß in dem Moment, in dem der Schlägerkopf in die Treffzone eintritt, Ihre Hüften den größten Teil Ihres Gewichts auf den vorderen Fuß übertragen haben, so daß Sie den Ball mit voller Kraft in Richtung Ziel schlagen können (Abb. 2 und 3). Vermeiden Sie dabei den so oft gemachten Fehler, den Ball »löffeln« zu wollen und schwingen Sie statt dessen den Schläger entlang der Fluglinie »durch« den Ball. Der Schläger soll so geführt werden, daß der Winkel des Schlägerblatts den Ball vom Boden abheben kann. Im Treffmoment muß das Schlägerblatt »square« — rechtwinklig — zum Ball stehen (Abb. 4), des weiteren wird der Schlägerkopf nach Treffen des Balls für Zentimeter an einer gedachten Fluglinie entlang geführt (Abb. 5).

Abb. 6

● »Ganz gleich, welchen Griff Sie benutzen, denken Sie daran, die Hände fest zusammenzuhalten, ohne daß der Griff verkrampft wird.«

● »Entwickeln Sie beim Ansprechen eine bestimmte Routine, die solange wiederholt wird, bis man nicht mehr bewußt daran denkt.«

● »Der Schwung führt 'durch' den Ball und nicht zum Ball hin.«

● »Bemühen Sie sich, beim Putten eine Routine zu entwickeln, die genau wie die der anderen Schläge zum festen Bestandteil Ihres Spiels wird.«

● »Während man beim Putt über dem Ball steht, ist es zu spät, nochmals über den Putt nachzudenken. Haben Sie zu Ihrem ursprünglichen Entschluß Vertrauen und putten Sie!«

● »Konzentrieren Sie sich auf das beim Üben gewonnene Gefühl.«

● »Können wird auf der Übungswiese erarbeitet, um dann beim Spiel angewandt zu werden.«

● »Verlassen Sie den Platz in einem besseren Zustand als Sie ihn vorgefunden haben.«

c) Wie aus Abb. 6 ersichtlich, sind die Arme in der Hälfte des Durchschwungs noch immer völlig gestreckt, die Haltung des Körpers ist unverändert, der Kopf wird verhältnismäßig still gehalten.

d) Achten Sie darauf, daß am Ende des Schwungs der größte Teil des Gewichts auf den vorderen (linken) Fuß verlegt und die Ferse des linken Fußes angehoben ist (Abb. 7).

Man sollte dabei das Gefühl haben, daß man das Gleichgewicht hat, die Hände befinden sich hoch über dem Kopf, und der Körper ist dem Ziel zugewandt.

Das Üben des eigenen Könnens im Geist und in der Vorstellung tragen zur gelungenen Ausführung eines Schlages bei. Vor und während des Spiels sollte man sich immer wieder vor Augen führen, wie man jeden Schlag ausführen will.

Bei der Repetition dieser Golfstunden wird man sehen, daß jede einzelne Stunde unter einem bestimmten Leitspruch steht, der dazu dient, dem Lernenden das Verstehen des Spiels und des dazu notwendigen Könnens zu erleichtern.

Im folgenden sind noch einmal die Leitsätze aufgezählt, derer man sich erinnern möge, während man sein Können unter der Anleitung eines Golflehrers fortbildet:

● »Holen Sie beim Kauf Ihrer Schläger den Rat ihres Golflehrers ein.«

● »Man muß wissen, welche Länge man mit dem einzelnen Schläger erreichen kann.«

Abb. 7

GOLF Lexikon

A

Ace	As, ein Loch mit einem Schlag spielen
Address	Ansprechen des Balles, nachdem der Spieler seinen Stand eingenommen hat
Albatross	Drei Schläge unter Par des Loches
All square	Gegner liegen gleich; keiner konnte bisher ein Loch mehr gewinnen
Approach	Annäherungsschlag zum Grün
Apron	Gelände, das unmittelbar an das Grün grenzt (Vorgrün)
Average Golfer	Spieler mit Durchschnittshandicap (Vorgabe)
Away	Am weitesten vom Loch entfernter Ball, muß zuerst gespielt werden

B

Backspin	Rückwärtsdrall des Balles, wenn der abwärtsgehende Schlägerkopf den Ball trifft
Back-Side	siehe unter „Side"
Backswing	Aufschwung
Baffy	Älterer Holzschläger mit ziemlich schmalem Schlägerblatt
Bag	Schlägertasche
Ball	Britischer Ball (kleiner Ball), Durchmesser = 41 mm, Gewicht = 46 Gramm
	Amerikanischer Ball (Großer Ball), Durchmesser = 42,7 mm, Gewicht = 46 Gramm
Baseball Grip	Vierfinger-Griff
Bestball	Ein Spiel, in dem man gegen den besten Ball seiner zwei oder drei Gegner spielt
Birdie	Ein Schlag unter dem für das Loch vorgeschriebenen Par
Bisque	Ein Vorgabeschlag, den der Empfänger an einem beliebigen Loch nehmen kann
Bite	Ein geschlagener Ball, der so viel Backspin hat, daß er sofort nach dem Auftreffen stoppt oder sogar rückwärts läuft
Blast	Explosionsschlag aus Sand
Blaster	Schwerer Niblick, für Schläge aus dichtem Rauhen und (allgemein) schlechten Lagen
Blind Hole	Man bezeichnet ein Loch als „blind hole", wenn man das Grün beim Annäherungsschlag nicht sehen kann
Bogey	Ein Schlag über dem für das Loch vorgeschriebenen Par
Brassie	Holz Nr. 2 — Name herrührend von der Messingplatte auf der Sohle des Schlägerkopfes

Break	Abweichung des rollenden Golfballes von einer geraden Linie durch hängendes Gelände, besonders auf dem Grün
Breaking of wrists	Abwinkeln der Handgelenke
Bunker	Sandhindernis
Bye	Spieler, die in der ersten Runde spielfrei sind

C

Caddie	Träger der Golftasche
Caddie Cart	Kleiner Wagen zum Transport der Golftasche
Carry	Entfernung, die der Ball beim Schlag in der Luft zurücklegt
Casual Water	Zeitweiliges Wasser Der Spieler kann seinen Ball straflos fallen lassen
Chip	Ein kurzer Annäherungsschlag mit niedriger Flugbahn und beträchtlichem Lauf auf dem Grün
Cleek	In früheren Zeiten viel verwendeter Eisenschläger mit schmaler Schlagfläche und wenig Loft, für lange Eisenschläge
Choking	Nervöse Spannung, die verursacht, daß der Spieler sich beim Schlag verkrampft
Closed (stance)	1. Stand: Beim „geschlossenen Stand" ist der rechte Fuß ein wenig von einer an der Fußspitze vorbeiführenden, in Richtung Ziel zeigenden, gedachten Linie zurückgesetzt; 2. Stellung des Schlägerkopfes, die sich ergibt, wenn die Fußspitze im Treffmoment dem Ziel näher ist als die Ferse
Club	Bezeichnung für Golfschläger
Course	Bezeichnung des Platzes
Cock	Anwinkeln der Handgelenke beim Aufschwung
Curtis Cup	Damen-Mannschaftsspiel USA gegen GB seit 1922
Cup	1. Bezeichnung für das Loch 2. Ehrenpreis
Committee	Wettspielleitung
Committee (Green)	Platzausschuß
Compression	Elastische Gestaltveränderung des Balles beim Auftreffen des Schlägerkopfes
Course Rating	Eine Bestimmung der Platzwerte eines Platzes zum Vergleich mit anderen Plätzen auf Grundlage der unter Berücksichtigung der Schwierigkeiten von einem Scratchspieler benötigten Schlagzahlen. Wird ausgeführt durch Beauftragte der Golf-Verbände und dient für Beschaffung einer Unterlage bei Festsetzung des Standards. Beispiel: Platz mit Par 72
Cut Shot	Geschnittener Ball

D

Dead	Einen Ball „tot" legen heißt, ihn so nahe an die Fahne spielen, daß er mit dem nächsten Schlag ohne Schwierigkeiten eingelocht werden kann
Dead Line	Zeitliche Begrenzung; Meldeschluß
Dimple	Runde Vertiefungen in der Ballschale. Dienen dazu, den Flug des Balles gerade zu gestalten
Distance	Flugweite des Balles
Dog Leg (Hundebein)	Bezeichnung für ein Loch, dessen Fairway nach links oder rechts abbiegt
Dormie (dormy)	Ein Spieler (oder eine Partei) ist „dormie", wenn er soviel Löcher „auf" ist, wie bis zum 18. Loch noch Löcher zu spielen sind
Double Eagle	Amerikanische Bezeichnung für Albatross
Down	Die Anzahl der Löcher (Lochspiel), die ein Spieler hinter seinem Mitbewerber liegt
Downswing	Abschwung
Draw (Sheet)	Auslosung
Draw Shot	Ein Schlag, der in gerade Linie leicht nach rechts vom Ziel geht und dann nach links-innen abbiegt
Dreiball	Ein Kampf von drei Spielern gegeneinander, bei dem jeder seinen eigenen Ball spielt
Dreier	Ein Spiel, in dem ein Spieler gegen zwei andere spielt, wobei jede Partei einen Ball spielt
Driver	Alte Bezeichnung für das Holz 1
Driving Iron	Eisen 1
Duffer	Schlechter Golfer
Dynamiter	vgl. Wedge

E

Eagle	Zwei Schläge unter Par des Loches
Eclectic	Das Gesamtergebnis für 18 Löcher, wenn man die besten Resultate von jedem Loch mehrerer Zählkarten addiert (Wettspielart)
EGA	European Golf Association (Europäischer Golf-Verband)
EGA-Trophy	Mannschaftsspiel der Junioren zwischen Großbritannien/Irland und dem Kontinent Europa
Ergebnis	In Zählspielen die Summe der Schläge für die Runde. In Lochspielen der Spielstand nach dem Sieg einer Partei. „5 und 3" bedeutet z. B., daß die siegende Partei mit fünf Löchern führte, als nur noch drei zu spielen waren

Eisenhower-Trophy	Mannschafts-Weltmeisterschaft der Amateure. Wird in jedem zweiten Jahr ausgetragen
Espirito-Santo Trophy	Mannschafts-Weltmeisterschaft der Damen. Wird in jedem zweiten Jahr ausgetragen
Explosion	Ein Schlag aus dem Sandbunker, in dem das Schlägerblatt in und durch den Sand unter den Ball gebracht wird

F

Fade	Der Ball geht zunächst leicht nach links vom Ziel, schwenkt dann nach rechts und landet mit nur wenig Drehung. Der Gegensatz von Draw
Face	1. Teil des Schlägerkopfes, der den Ball trifft 2. Hang am Bunker
Fairway	Kurz gemähte Spielbahn zwischen Abschlag und Grün
Fat	Ein Spieler hat den Ball fat (fett) getroffen, wenn er ihn mit zuviel Boden geschlagen hat
Finish	1. Endstellung des Schwungs 2. Endkampf
Flat	Flacher Schwung, der in relativ spitzem Winkel zur Horizontalen verläuft. Gegensatz dazu der aufrechte Schwung, bei dem der Winkel zwischen 60 und 70 Grad beträgt
Flier	Ein Schlag mit hoher Flugbahn
Flight	1. Flugbahn des Balles 2. Wettspiel-Einteilung zu dem Zweck, Spieler von gleicher Spielstärke in Wettbewerb miteinander zu bringen
Follow-through	Den Schläger nach dem Treffmoment durchschwingen (und nicht im Schwung abbremsen)
Fore	Warnruf auf dem Platz
Fore Caddie	Ein Caddie, der vorausgeschickt wird, um ein Zeichen zu geben, daß der Platz frei ist, oder auch, um den Flug des Balles zu beobachten
Fourball	siehe Vierball
Foursome	siehe Vierer
Forward	Leichter Vorwärtsdruck der Hände. Auftaktbewegung zur Einleitung des Rückschwunges
Frog hair	Kurzes, dichtes Rauhes
Front-Side	s. Side

Geschlossener Stand	Der linke Fuß ist beim Ansprechen vorgeschoben
Grain	Die Richtung des Graswuchses auf dem Grün
Green	Das Grün
Grip	Griff: Der obere Teil des Schaftes, der je nach Wunsch mit Leder umwickelt oder mit Gummi überzogen ist; Griff: Halten des Schlägers mit den Händen Man unterscheidet zwischen: Baseball-Griff, beide Hände liegen mit allen Fingern um den Schaft; interlocking-Grip: der Zeigefinger der linken Hand liegt zwischen Ringfinger und kleinem Finger der rechten Hand; overlapping-Grip: der kleine Finger der rechten Hand liegt über dem Zeigefinger der linken Hand
Groove	Rillen im Schlägerblatt, die dem Ball einen Drall geben
Gross Score	Bruttoergebnis, Gesamtzahl der Schläge für eine bestimmte Runde
Ground, to	Den Schläger hinter dem Ball auf den Boden aufsetzen
Grün	Das „Grün" ist die Fläche des Loches, die zum Putten besonders hergerichtet oder von der Spielleitung in anderer Weise als „Grün" bezeichnet ist
Greensome	Eine besonderer Art des Vierers, bei dem beide Partner driven und dann einen der Bälle auswählen, mit welchem das Loch mit abwechselnden Schlägen zu Ende gespielt wird

Hacker	Ungeschickter Spieler
Halved	Halbiert: Ein Loch ist halbiert, wenn beide Parteien die gleiche Anzahl Schläge haben
Handicap	Vorgabe. Der Abzug (von Schlägen) vom Bruttoergebnis eines Spielers, die dazu dient, seinen Score mit Par zu vergleichen und mit dem unterschiedlichen Können anderer Spieler gleichzusetzen
Hanging lie	Hängende Lage = Lage des Balles auf abfallendem Gelände
Hazard	Alle Arten Bunker oder Wasserhindernisse
Head	Schlägerkopf
Heel	Der Teil des Schlägerkopfes, der am nächsten am Schaft liegt
Hitting zone	Der untere Sektor des Schwunges, beginnend bei der Phase, in der die Handgelenke anfangen, sich zu entwinkeln und endend, nachdem der Ball den Schlägerkopf verlassen hat

Hole	1. Eine Spielbahn vom Abschlag bis einschließlich Grün 2. Das in jedes Grün eingeschnittene Loch von 10,7 cm Durchmesser
Hole high	Ein Punkt in gleicher Höhe mit dem Loch, aber seitlich davon
Hole-out	Putt zu Ende spielen, bis der Ball im Loch ist
Honor	Ehre = das Recht, zuerst zu spielen, hat derjenige, der am vorhergehenden Loch die wenigsten Schläge hatte
Hook	Ein Schlag, bei dem der Ball, von einem Rechtshänder geschlagen, in einer Kurve nach links fliegt. Bei einem Linkshänder gilt das Gegenteil
Hosel	Die Tülle an Eisenschlägern, in welche der Schaft eingepaßt ist

IGA	International Golf Association; Sitz in New York, N. Y. (USA)
Impact	Der Zeitpunkt, zu dem der Schläger (das Schlägerblatt) auf den Ball trifft
Inside out	Weg des Schlägerkopfes beim Aufschwung, bei dem der Schlägerkopf von innerhalb der Fluglinie nach außen geführt wird
Interlocking grip	Die Hände sind so auf den Schlägergriff gelegt, daß der rechte kleine Finger sich um den linken Zeigefinger krümmt
Iron	Golfschläger mit einem Metallkopf

Jigger	Mehrzweck-Eisenschläger älterer Machart, der ein schmales Schlägerblatt mit wenig Neigung hat und zumeist für Annäherungsschläge benutzt wird

Lie: Lage	Still-Lage des Balls im Gras oder Sand; auch: Winkel des Schafts im Verhältnis zum Boden, wenn die Schlägersohle natürlich auf dem Boden ruht

Lateral Water Hazard	Seitliches Wasserhindernis
Line of flight	Fluglinie
Links	Golfplatz im Dünengelände
Lip	Obere Kante des Loches
Lob	Hoher Pitch zum Grün
Local rules	Platzregeln
Locked	Hemmung beim Schwung infolge von Verkrampfung
Lochspiel	Spielart, bei der nach gewonnenen Löchern gezählt wird
Loft	Neigungswinkel des Schlägerblattes
Long arm	Gestreckter Arm. Dies bezieht sich auf die Stellung des linken Armes im Aufschwung und des rechten Armes im Durchschwung
Low ball	Best Ball
LPGA	Ladies Professional Golfers Association (Verband der weiblichen Golflehrer)

Marker: Zähler	Eine Person, die die Anzahl der Schläge zählt. Tee markers — Markierungen, zwischen denen auf dem Abschlag gespielt werden muß
Marshall	Ein von der Wettspielleitung bestimmter Mann, der die Zuschauer bei einem Turnier anweist
Mashie	Alte Bezeichnung für das Eisen 5
Mashie Iron	Eisen 4
Mashie-Niblick	Alte Bezeichnung für das Eisen 7
Match	Ein Wettbewerb zwischen zwei oder mehr Spielern
Match play	siehe Lochspiel
Matches clubs	Schlägersatz, bei dem die einzelnen Schläger in bezug auf die Länge, Lage, Loft, Schwunggewicht usw. aufeinander abgestimmt sind
Medal play	siehe Zählspiel und Stroke play
Midiron	Eisen Nr. 2
Midmashie	Eisen Nr. 3
Mixed foursome	Vierer, bei dem Dame und Herr eine Mannschaft bilden

---

Nap	Art des Graswuchses auf dem Grün
Nassau	Zähl- oder Lochwettspiel, bei dem für den Gewinn der ersten neun Löcher, der zweiten neuen Löcher sowie für den Gesamtsieg über 18 Löcher je ein Punkt vergeben wird

Neck	Der Teil an einem Holzschläger, an dem der Schaft mit dem Schlägerkopf verbunden ist
Net Score	Bruttoergebnis abzüglich der Vorgabe
Neunzehntes Loch	Scherzhafte Bezeichnung der Clubhaus-Bar
Niblick	Alte Bezeichnung für das Eisen 9

Obstruction	Alles Künstliche, was auf dem Platz errichtet, angebracht oder zurückgelassen worden ist
Offener Stand	Der linke Fuß ist beim Ansprechen zurückgezogen
Open	Ein Wettspiel, bei dem die Teilnahme offen ist für Amateure und Professionals
Outside in	Weg des Schlägerkopfes beim Aufschwung, bei dem der Schlägerkopf von außerhalb der Fluglinie nach innen geführt wird
Overspin	Vorwärtsdrall des Balles

Par	Par ist das Ergebnis, welches ein erstklassiger Spieler für ein Loch bei normalen Bedingungen erzielen sollte
Penalty stroke	Strafschlag
PGA	Professional Golfers Association (Golflehrer-Verband)
Pitch marks	Einschlaglöcher auf dem Grün
Pitch shot	Kurzer Annäherungsschlag
Pitch-and-run shot	Kurzer Annäherungsschlag von mittelhoher Flugbahn, bei dem der Ball nach dem Auftreffen weiterläuft
Pitching Niblick	Alte Bezeichnung für das Eisen 8
Pivot	Drehung des Körpers beim Schwung
Plane of swing	Schwungebene
Play off	Entscheidungsspiel; Stechen
Plus fours	Knickerbockerhose
Plus twos	Engere Hose mit weniger Überhang
Plus Vorgaben	Werden (bis +2) Spielern zugeteilt, die die Standardrunde eines Platzes zu unterspielen vermögen
Preferred lies	Durch Platzregeln gegebene Erlaubnis, unter besonderen Verhältnissen den Ball bei schlechten Lagen besser zu legen
Press, to	Mit übermäßiger Kraftentfaltung schlagen
Priority	Zweiballspiele haben Vorrang vor Dreiball und Vierballspielen
Professional	Golflehrer, Berufsspieler (Kurzform: Pro)

Pronate, to Pronation	Drehen des Unterarmes und der Hand derart, daß der Handteller bei vorwärts gestrecktem Arm nach unten zeigt (die umgekehrte Drehung heißt Supination)
Provisional ball Provisorischer Ball	Ein provisorischer Ball darf gemäß Regel 30 gespielt werden für einen Ball, der verloren oder „Aus" ist
Pull	Ein gerader Schlag, bei dem die Flugbahn des Balles links vom Ziel endet. Für den Linkshänder endet die Flugbahn rechts vom Ziel
Push	Ein gerader Schlag, bei dem die Flugbahn des Balles rechts vom Ziel endet. Für den Linkshänder endet die Flugbahn links vom Ziel
Putten	Das Spielen des Balls auf dem Grün
Putter	Beim Putten verwendeter Schläger
Punch shot	Niedriger, gegen den Wind gespielter Schlag
Putting green	Übungsgrün

R

Rauhes	Das Gelände außerhalb der Spielbahnen
Recovery	Schlag, der einen Ball aus schwieriger Lage befreit
Referee	Schiedsrichter
Relaxation	Entspannung
Release	Betrifft die Entwinkelung der Handgelenke. Die ideale Entwinkelung ergibt sich, wenn die Handgelenke im Augenblick des Impacts voll gestreckt sind
Rough	siehe Rauhes
Round robin	Wettspiel, bei dem jeder Spieler jeden anderen einmal trifft (jeder gegen jeden)
Royal and Ancient	Royal and Ancient Golf Club of St. Andrews. Verantwortlich für die Festlegung der Golfregeln mit USGA
Rub of the Green	Bahnzufall
Runde	Eine Runde Golf besteht aus 18 Löchern
Run-up	Flacher, laufender Annäherungsschlag
Ryder Cup	Mannschaftsspiel der Pros USA gegen GB/Irland und sonstiges Europa

S

Sand iron	Schläger zum Herausspielen aus Bunkern und sandigen Lagen. Jetzige Bezeichnung Sand Wedge
Sand trap	Amerikanische Bezeichnung für Bunker
Score	Zählergebnis
Score card	Zählkarte
Scorer	siehe „Marker"
Scotch Foursome	siehe „Vierer"
Scratch player	Ein Spieler mit Vorgabe 0
Seeded draw	Setzen der besten Spieler vor der Auslosung (daß sie einander erst in späteren Matches des Wettspiels treffen)

Shank	Den Ball an einer Stelle zwischen der Tülle (Hals) des Schlägers und der Ferse des Schlägerblattes treffen, wodurch der Ball nach rechts geht
Shaft	Ist der Teil des Golfschlägers zwischen Griff und Schlägerkopf
Shot	Schlag
Side	front-side: bei einem 18-Löcher-Platz die ersten neun Löcher; back-side: bei einem 18-Löcher-Platz die zweiten neun Löcher; auch Team oder Mannschaft
Single	siehe Zweier
Sitting position	Stellung mit etwas gebeugten Knien
Skying	Den Ball hoch in die Luft schlagen
Slice	Ein Schlag, bei dem die Flugbahn des Balles in einer Kurve nach rechts verläuft. Bei einem Linkshänder verläuft die Flugbahn in einer Kurve nach links
Socketing	siehe Shank
Sole	Die untere Kante des Schlägerkopfes
Spade Mashie	Alte Bezeichnung für Eisen 6
Spin	Drehung des Balles
Spoon	Alte Bezeichnung für Holz Nr. 3
Square	Stand betreffend: Fußspitzen parallel zur Ziellinie Schläger betreffend: Schlägerblatt senkrecht zur Ziellinie
Stableford	Wettspielart nach Punkten. Es zählen: Ein Loch in eins über Par 1, in Par 2, in eins unter Par 3 und in zwei unter Par 4 Punkte
Stance: Stand	Stand der Füße beim Ansprechen des Balls
Standard	Standard ist die Runde, in der ein Scratch-Spieler einen Platz von den offiziell vermessenen Abschlägen und in Sommerkondition spielen soll. Bei 9-Löcher-Plätzen bezieht sich dies auf zwei Runden Basis Standard: Die Basis des Standards ist in der Länge des Platzes gegeben. Siehe Wettspiel- und Vorgabebestimmungen
Standard scratch score	siehe Par
Stiff	siehe „dead"
Stroke	Ein „Schlag" ist die Vorwärtsbewegung des Schlägers, ausgeführt mit der Absicht, den Ball ehrlich zu schlagen und zu bewegen
Stroke Play	Zählspiel
St. Andrews Trophy	Mannschaftsspiel der Amateure zwischen Großbritannien/Irland und dem Kontinent Europa
Stymie	Ein Ball, der einem andern auf dem Grün den Weg zum Loch versperrt. Neuerdings wird der sperrende Ball aufgehoben
Supination	Die Hand so drehen, daß der Handteller nach oben zeigt, wenn der Arm horizontal vorwärts gestreckt ist. (Das Gegenteil ist Pronation.)
Swaying	Seitliches Bewegen des Körpers beim Auf- und Abschwung
Sweet-spot	Zentrum des Schlägerblattes

T

Tee	1. Der Abschlagplatz
	2. Der Stift aus Holz oder Kunststoff, auf welchem der Ball auf dem Abschlagplatz aufgesetzt wird. (In älteren Zeiten diente dafür ein Häufchen Sand.)
Teeing ground	Der Abschlag
Tee-markers	Markierungen auf dem Abschlag, von einem Punkt zwischen ihnen wird abgespielt
Texas wedge	Amerikanische Bezeichnung für den Putter, wenn er benutzt wird, um den Ball von außerhalb des Grüns zu spielen
Threeball	siehe Dreiball
Threesome	siehe Dreier
Through the green	Im Gelände (Regelfachausdruck)
Tie	Unentschieden
Timing	Rhythmische Koordination aller Bewegungen im Schwung
Toe	Der vordere Teil des Schlägerkopfes
Top	Treffen des Balls oberhalb seines Zentrums
Tot legen	siehe „dead"
Touch	Gefühl beim Schlag, besonders beim Putten
Trap	siehe Hazard
Trolley	Caddiewagen
Twist	Das Auf- und Abwinden des Körpers
Twosome	Partie von zwei Spielern

U

Uncoiling	Abwinden des Körpers, besonders der Hüften und Schultern, beim Einleiten des Abschwungs und im Durchschwung
Underclub	Falsche Wahl des Schlägers, d.h. für eine gegebene Entfernung einen Schläger nehmen, mit dem man selbst im günstigsten Fall das Ziel nicht erreichen kann
	Gegensatz: overclub
Up	Anzahl der Löcher, die ein Spieler vor seinem Gegner oder Mitbewerber führt
Upright	Ausdruck, der die Ebene beschreibt, in der der Schwung verläuft. Dabei ist der Winkel von des Spielers Schwungbogen zum Boden relativ steil
USGA	United States Golfers Association (Amerikanischer Golf-Verband)

V

Vagliano Cup	Mannschaftsspiel der Damen zwischen Großbritannien/Irland und dem Kontinent Europa
Vardon grip	Auch Overlapping grip genannt. Ist gekennzeichnet dadurch, daß der kleine Finger der rechten Hand zwischen dem Zeigefinger und dem Mittelfinger der linken Hand, oder gekrümmt über dem linken Zeigefinger liegt
Venue	Austragungsort
Verziehen	Einen Ball so treffen, daß er im Flug eine Kurve beschreibt
Vierball	Spielart, bei der je zwei Spieler, jeder seinen eigenen Ball spielend, eine Partei bilden
Vierer	Spielart, bei der je zwei Spieler, zusammen einen Ball abwechselnd spielend, eine Partei bilden
Vorgabe	Die Vorgabe soll es einem Spieler ermöglichen, bei normalen Sommerbedingungen von den Standardabschlägen ein Nettoergebnis zu erzielen, welches dem Standard des Platzes entspricht

W

Waggle	Das Ansetzen und Einpendeln des Schlägers vor dem eigentlichen Schlag. Dient zur Lockerung
Walker Cup	Wird seit 1922 alle zwei Jahre zwischen Amateurmannschaften der USA und Großbritanniens ausgetragen
Wedge	Eine Art Niblick, speziell für Annäherungs- und Bunkerschläge
Winding up	Körperdrehung beim Aufschwung
Woods	Golfschläger mit einem Holzkopf
World Cup	Internationales Mannschaftswettspiel der Professionals, bei dem jede Nation durch eine Mannschaft von zwei Spielern vertreten ist. Auch: Mannschaftsweltmeisterschaft der Pros

Z

Zählkarte	Karte, auf der die Ergebnisse eines jeden Loches eingetragen werden
Zählspiel	Wettspielart, bei der derjenige Sieger ist, der von allen Teilnehmern die wenigsten Schläge für die Runde (oder Runden) gebraucht hat
Zweier	Lochspielart, bei der ein Spieler gegen einen anderen spielt